文史哲學術叢刊

周慶華著

詩話摘句批評研究

文史哲出版社印行

國立中央圖書館出版品預行編目資料

詩話摘句批評研究 / 周慶華著. -- 初版. -- 臺北市 : 文史哲, 民82
面 ; 公分. -- (文史哲學術叢刊 ; 8)
參考書目：面
ISBN 957-547-807-X(平裝)

1. 詩 - 歷史與批評

812.18 82006656

文史哲學術叢刊 ⑧

詩話摘句批評研究

著者：周慶華
出版者：文史哲出版社
登記證字號：行政院新聞局局版臺業字五三三七號
發行人：彭正雄
發行所：文史哲出版社
台北市羅斯福路一段七十二巷四號
郵撥○五一二八八一二彭正雄帳戶
電話：三五一一○二八
印刷者：文史哲出版社
實價新台幣三〇〇元
中華民國八十二年九月初版

ISBN 957-547-807-X

詩話摘句批評研究　目次

文學理論的任務及其範圍問題（代序）

一、一個基本的假定

這是一個有一種說法就會有相反或不同意見的社會，任何想要造就具有權威性的系統言論的努力，都會被視爲荒誕不經、徒勞無功。因爲言論所對應的是一個變動不居的現實環境，隨時有新的狀況在考驗言論的適用性，而言論本身不能盡意的缺陷，也會使它的功能大受侷限。因此，除了無知者或別有用心者外，沒有人會聲稱自己正在建立一套語言權威或已經建立一套語言權威。然而，弔詭的是，所有的言論都有樹立權威的傾向，它們以系統化的面貌出現，向舊有的權威或另一個權威挑戰，試圖取代對方而成爲新的權威。如果這樣的觀察沒有錯誤的話，現在我們所要談論的對象，肯定不是一個新鮮的話題，這就隱含有對別人的談論有欠周延的意識在，而往後的論說，正可以提供大家一個新的參考點。當然，我們也得準備接受各方的考驗。

看來這一「別人的談論有欠周延」的想法，是本文最基本的假定，但是這個假定在本文論述結束後，就可以得到驗證，不主動提出來，對整個論述也沒有妨礙。有妨礙的是我們論題中「文學理論」

的曖昧性。有人認爲文學根本沒有屬於它的本質，而判定文學是不存在的（註一）。「文學」既然不存在，談論文學的「文學理論」，自然也是一種幻覺（註二）。這樣我們還以「文學理論」標題，就顯得不可思議了。然而，許久以來，我們都把文學當作詩歌、散文、小說和戲劇的集合體（註三），不能說沒有文學這種東西的存在；而文學很早就被看作「文飾之學」或「語言藝術」（註四），顯然也有屬於它的本質。這樣以文學作爲談論的對象，自然是一件可能的事。而我們再把對文學的談論加以反省，也沒有什麼不可以。因此，這裏提出「文學理論」來論說，也就不算是一種突兀之舉。只是文學理論到底是怎麼一回事，還沒有人能夠說得清楚，我們不能不先作個假定，就是我們所談論的是屬於本體論的、方法論的，而不是策略性的，把文學理論當作某種策略看待的人，基本上都否定了文學理論的存在，而我們的看法正好跟他們相反。

二、本文所持的立場

換個角度來看，把文學理論當作某種策略看待的人，就跟否定世上有絕對眞理的懷疑論者一樣（註五），免不了要違反邏輯上的矛盾法則。因爲他們所論是事實的話，必定要假定前提「文學理論是一種策略」爲眞，這樣「文學理論是一種策略」，也就成爲有關文學理論的新命題，從此不得再喊出「文學理論只是一種幻覺」或「文學理論只是學術上的神話」這種空洞的口號，不然就是有意在跟人唱反調了。

我們所以不能苟同上面的言論，不止是看出這種言論無法自圓其說，也著實明白文學理論的確有本體論上和方法論上的意義。這從已經存在的對文學作品的創作過程、意義結構、語言形式、在讀者中所引起的心理反應或意理解釋，以及作品本身所表現的意識形態等許多論說，所顯示的普遍的確切性，可以讓人進行重複的檢核，推測要歸納文學理論的性質和功用，應該不會有什麼困難；同時，我們也可以藉著對各種論說有意無意忽略的問題的考察，反省文學理論可能的侷限，而預先想到因應的對策。這就是我們撰述本文所持的立場。換句話說，我們認為談論文學理論的任務及其範圍是可能的，而且經過這一談論，可以澄清不少有關文學理論方面的誤解，而對未來的文學研究有所裨益（註六）。

不過，我們也必須指出，這裏的論說只是對文學理論這一事實的條件說明，它僅僅是一個原則，能不能成立，還有待日後的觀察檢證（註七）。也就是說，我們所提出的說明，儘管信誓旦旦的確認它是眞的，也無妨別人將來再依事實來檢證。雖然如此，我們也會視須要舉出一些實例，先行充實某一部分論述，證明我們的說法是可取的，可以作為爾後從事文學研究者的依據。至於排斥文學理論有它一定的性質和功用，而對文學理論的解釋和評價也堅信不可能，這一徹底否定文學理論在本體論上和方法論上意義的論調，再也不能阻礙我們的論說，是很明顯的事。

三、當今談論此一問題的檢討

我們所以提出這個問題來談論，主要是有感於文學理論家至今尚未對文學理論的任務和範圍，有清楚的認識和了解。他們的論說，不是顯得大而無當，就是陷於與人爭論的轇轕中，很少能把握到問題的重心。而我們一般的文學研究，又受到他們的左右，一直處在搖擺不定的狀態中。爲了使文學研究能步上軌道，勢必要爲文學理論的任務和範圍作個明確的界定，不然我們又要如何看待文學研究這一行爲？

由於有關文學理論的論說，在我們這篇文章之前，已經出現了很多，不實際舉出一些例子，無法印證我們這裏所說的話。因此，在正式談論文學理論的任務和範圍前，不妨先來看看文學理論家們是怎麼說的。

大約從六〇年代亞伯拉姆斯(M. H. Abrams)發表《鏡與燈》一書開始，文學理論才有「規模」可言。亞氏在該書中提出跟藝術作品有關的四個要素：作品、藝術家、宇宙和觀衆，構成一個包含模仿理論、實用理論、表現理論和客觀理論的圖式。西方學者大都認爲它可以作爲文學理論的根據，不但用它來分析西方的文學批評，也用它來分析中國的文學批評（註八）。而本國學者原則上同意它爲一種創見，只是覺得它有欠周延，不足以涵蓋中西方的文學理論。爲了證明後面這一點，本國學者曾經費盡心思，試圖將亞氏的圖式加以修正補充，使它更爲符合「事實」。如施友忠把亞氏圖式中居於中心地位的作品，跟作家（藝術家）調換，而以「心」代替，藉以說明從哲學的觀點出發，去了解文學作品（尤其是中國詩），所包括三個逐層漸進的步驟；（註九）又如劉若愚把亞氏圖式中的四個要素重新排列成一個圓圈，以便容納中國歷來的六個文學理論（註一〇）；又如王金凌把亞氏圖式中的作品，跟萬有（宇宙）對調，用來說明文學現象的邏輯歷程。（註一一）此外，也有不滿意這些意見，而再行修訂增補的，如張雙英針對亞氏和劉氏理論的矛盾，重新構作一個作家、讀者和作品的交互重疊，而由宇宙所統攝的圖式，俾能區別各種文學理論的「對立關係」和「跨越關係」；（註一二）又如葉維廉在劉氏重新排列過的圓圈中心，增加語言（包括文化、歷史因素）一項，作爲中西比較文學的理論基礎（註一三）。

然而，亞伯拉姆斯所提出來的圖式，以及本國學者所修正的圖式，（註一四）除了讓我們看到文學理論的部分對象和文學理論的部分樣態（形式）外，（註一五）有關文學理論的任務是什麼，卻無從理解；而且對於關係文學研究成敗的方法論問題，也不見有所論述。到頭來只是徒有架構，而沒有什麼實質的意義。這也就是我們判定它們有問題的理由所在。既然已有的論說不能滿足我們的需求，只好自己來嘗試了。

四、文學理論的任務

顧名思義，文學理論是指一切對文學的論說。但是這裏所說的論說，不是一般意義上的論說，而是學術意義上的論說。更確切的說，是科學意義上的論說（註一六）。它是一套對文學現象的解釋（註一七）。而所謂解釋，是指在某種情況下會出現什麼現象，並不是籠統的敍述。換句話說，這一套解釋是一組命題經過一套嚴格的邏輯演繹過程得來的。現在就逐次說明如下：

我們都知道科學的目標在於解釋、預測和控制。如自然科學的目標就是解釋自然現象，預測自然現象，進而控制自然現象；而社會科學和人文科學的目標也是在解釋社會現象、人文現象，預測社會現象、人文現象，以及控制社會現象、人文現象。在方法層次上，各類科學都是一樣的（使用一套相同的解釋通則），所不同的是彼此的對象範圍和解釋的效果（註一八）。而在解釋、預測和控制三項中，解釋最為重要，其他兩項都要直接或間接以它為基礎。也就是說，有解釋才能預測，有預測才能控制，彼此形成邏輯上的密切關係。文學理論既是屬於人文科學的範圍，當然也以解釋為它主要的任務。

要解釋文學的現象，首要工作就是建立一些命題。這些命題不論是已經存在的，或是發現來的，都要能陳述和測定文學現象之間的普遍關係。如有人提出「配稱原則」和「相似原則」來辨認創造象徵的意義，可以視為一個典型的命題。第一個原則是說一個象徵的解釋必須跟作品的其他部分一致，而不能在作品中找到跟這個解釋相衝突的證據。第二個原則是說當我們說X象徵Y時，X必須跟Y在形象或含意上具有某種相似性（註一九）。我們把它寫成命題的形式，就是一個創造象徵只要符合配稱原則和相似原則，就能確定它的意義（註二〇）。這個敍述，陳述和測定了創造象徵符合配稱相似原則和創造象徵的意義這兩種現象之間的關係，滿足了作為一個命題的條件。反過來說，一個敍述如果不能陳述和測定文學現象之間的普遍關係，就不是眞正的命題，只能稱它為概念或引導性的敍述。不論概念或引導性的敘述，都不具有解釋的功能。如有人認爲中國傳統文學批評沒有西方文學批評那種分析性、演繹性的論說，而只有片段的、印象的表達，那是美感不同的緣故(註二一)。這裏用美感這個概念來解釋中西方文學批評的差異是不夠的(註二二)。因爲美感不同幾乎是不證自明的，沒有人會懷疑中西方文學批評的差異是緣自彼此美感的不同。我們想要知道的是爲什麼中國傳統文學批評不用分析性、演繹性的論說，而不是片段的、印象的表達？美感的定義不能回答這個問題。也就是說，美感只是一個概念，而概念不具有解釋的功能，我們不能用它來解釋。又如馬克思主義文學理論所說的：生產方式改變，文學活動也會發生變動(註二三)。這個敘述建立了「生產方式」和「文學活動」兩種現象之間的關係，相當於一個命題。但是這兩種現象並不是單一的變數（我們稱它爲未經定義的一組變數），而且這兩種現象之間的關係也未經特殊化，它只告訴我們這兩者之間的因果關係而已（前者影響後者）換句話說，這是一個引導性的敘述，它只告訴我們，如果生產方式改變，文學活動也會產生不可預期的變動，卻沒有告訴我們生產方式是什麼方式，而文學活動到底是指創作活動或閱讀活動或批評活動。這就不具有解釋的功能(註二四)，我們也不能用它來解釋。雖然如此，引導性的敘述仍有引導我們如何研究得更深入和應該從什麼角度去研究等價值(註二五)。這也是我們稱它爲引導性的敘述的唯一原因。

有了命題，再來就是如何演繹的問題。所謂演繹，是指由普遍命題引申出經驗命題的過程。這個過程，就是我們所說的解釋。我們想知道一個解釋是否有效，就看該解釋中經驗的發現是否可以從普遍命題中演繹出來。如論及文學的起源，各有不同的說法，諸如「遊戲說」、「勞動說」、「本能說」、「宗教說」、「戀愛說」、「戰爭說」、「模仿說」、「表現說」、「裝飾說」、「吸引說」等(註二六)，是我們常見的。不論那一種說法，都構成不了一個演繹系統，因爲還缺少一個前提，就是普遍命題。只有普遍命題存在，解釋才有效。否則，只是陳述性解釋，沒有任何法則可言，自然也不具有說服力。同樣的問題，我們可以根據行爲心理學中的一個命題來解釋。這個命題是說：如果做某件事的反應得到鼓勵，則做這件事的次數會增加(註二七)。我們把文學的起源問題加以整理分析，形成下列三個符合演繹系統的解釋步驟：

一種鼓勵對個人的價值愈高，則他採取行動取得此鼓勵的可能愈大。

在某一假設情況下，文學創作者認為文學有很大的價值。

所以他會採取行動來創作文學(註二八)。

實際上，這並不足以解釋爲什麼文學創作者會採取行動來創作文學，只是在推理上，他可能採取這樣的行動。在這裏我們找出了一個普遍命題，這就可以改變前面那些陳述性解釋，而成爲一個眞正的解釋。

依照這樣的「模式」，其他的文學現象應該都可以獲得妥善的解釋。不過，還有一個技術性的問題須要解決，就是目前文學理論家們所發現（建立）的命題，多半蓋然率不高(註二九)，不免影響到解釋的效果(註三〇)。如果想要提升解釋的效果，還得仰賴蓋然率更高的命題，這又該怎麼辦？這的確是個難題。我們要解決它，大概有三個途徑：一是修正舊有的命題；二是建立新的命題；三是尋找人類在其他方面所建立的命題，把它們組織起來解釋文學的現象（如上面那個例釋）。而就最後一點來說，要組織人類在其他方面所建立的命題，也必須透過解釋才有可能（解釋就是一種組織過程），這也是我們前面所說文學理論的主要任務在解釋的一部分意義。至於預測和控制，基本上跟解釋是分不開的；我們愈能加強我們的解釋，就愈能預測和控制（註三一），這就不必多說了。

五、文學理論的範圍

文學理論既然主要在解釋文學的現象，就不能沒有限制，我們可以想見，任何超出跟文學有關的解釋，都不能稱作文學理論。換句話說，文學理論必須受到文學的制約，不可以漫無邊際。從這點來看，文學理論有它一定的範圍，我們把它提出來討論，一方面可以跟前節相呼應，使所要解釋的對象能夠確立；一方面也可以藉此察看當今文學理論的偏向，而卽早謀求補救之道。

這個問題應該從文學在整體文化中的地位談起。文化是一個歷史性的生活團體（也就是它的成員在時間中共同成長的團體），表現其創造力的歷程和結果的整體，其中包含了終極信仰、觀念系統、規範系統、表現系統和行動系統。終極信仰是指一個歷史性的生活團體的成員，由於對人生和世界的究竟意義的終極關懷，而將自己的生命所投向的最後根基，如「天」、「上帝」、「道」等；觀念系統是指一個歷史性的生活團體，認識自己和世界的方式，並由此產生一套認知體系和一套延續並發展其認知體系的方法，如哲學、科學等；規範系統是指一個歷史性的生活團體，依據其終極信仰和自己對自身及對世界的瞭解（就是它的觀念系統），而制定的一套行爲規範，並依據這些規範而產生一套行爲模式，如倫理、道德等；表現系統是指一個歷史性的生活團體用一種感性的方式，來表現該團體的終極信仰、觀念系統和規範系統，如文學、藝術等；行動系統是指一個歷史性的生活團體，對於自然和人羣所採取的開發或管理的全套辦法，如自然技術、管理技術等(註三二)。可見在整個文化體系中，文學主要在表現終極信仰、觀念系統和規範系統(註三三)。由於文學以語言爲媒介，這就有別於不以語言爲媒介的藝術作品（如繪畫、音樂、雕塑等）；又因爲文學以感性的方式（藝術的手法）來表現，這也有別於不以感性的方式來表現的論說（就是純粹談論終極信仰、認知觀念和行爲規範的文章）。

就文學本身來說，終極信仰、觀念系統和規範系統構成了它的內涵，但是文學並不以擁有此內涵爲滿足，它還要致力於語言的經營，造就一個美的形式，合而顯示它的「表現」能力。在這個前提下，文學自然要跟下列幾個方面發生關係：第一，文學創作者在選擇題材時，大多會以讀者所能理解（或容易理解）的爲主，而讀者所能理解（或容易理解）的題材，莫過於現實環境中已有的。因此，文學創作者所選擇的題材，很少不帶有時代的色彩，這會使文學跟社會脫離不了關係。同時，文學創作者所要表現的主題或主張(註三四)，也會受到過去或當今思想的影響，而使文學無法自我孤立於歷史的脈絡。第二，文學固然不是一個純然不跟外界發生關係的個體，但是它的語言形式卻可以不必配合社會的律動，而由文學創作者獨自構作，展現多姿多采的風貌。這時文學創作者對於文學顯然有相當充分的自主權，任何外在的干預，都無法改變這個事實。第三，文學要經由閱讀，才能顯出它的意義和價值，而閱讀活動一旦發生，讀者必然一躍而居於主導的地位，有關文學的解釋和評價（評價也要有一段或顯或隱的解釋過程），將取代文學創作和文學本身而成爲衆人關注的焦點。雖然如此，前者一定要環繞後者而進行，否則將無以自立。

從上面的分析，可以看出文學有它獨特的性質，而此獨特的性質必然也會產生某種功能；其次，文學創作者對文學擁有相當程度的自主權，他的天才、靈感，以及所受的教育和文化涵養，無不影響到文學的「品質」；再次，讀者對文學的解釋和評價，也會改變文學的地位，開創另一番氣象。這些現象，都是文學理論的對象。如果我們用文學的本體論來指對文學的性質和功能的解釋，用文學的現象論來指對文學的形式、類別、技巧和風格的解釋，用文學的創作論來指對文學創作者的創作活動的解釋，用文學的批評論來指對讀者的閱讀活動和批評活動的解釋，我們就可以說文學理論指的就是文學的本體論、現象論、創作論和批評論。而這些本體論、現象論、創作論和批評論，合而形成文學理論的範圍。不過，文學理論的範圍還可以擴大到對這些本體論、現象論、創作論和批評論的反省，我們總稱它爲方法論。有了方法論，才能把零散的文學理論組織起來，成爲一門有系統的學問。

六、結　語

文學理論的任務在於解釋、預測和控制，其中又以解釋最爲重要，這一點我們已經大略說過明了。至於文學理論的範圍，不外本體論、現象論、創作論、批評論和方法論等五項，我們也給予明確的指出了。這一來，我們將會發現兩個事實：一是透過上面的論說，可以檢查出當今文學理論的問題所在；一是藉著上面的論說，可以消弭文學批評上一些無謂的爭論。前者，我們已經見過它的效力，不再多說；後者，我們還沒有實地嘗試，必須略加說明。

大致說來，當今的紛爭，主要集中在文學批評到底是印象的還是分析的，是主觀的還是客觀的，是要使用單一模式還是使用多重模式等問題上，辯論雙方，各執一詞，始終難以溝通。然而，他們似乎都忘了文學各作品的內涵和形式容有不同，但是文學只有一樣，解釋方式也只有一套。我們只問解釋是否有效，而不問它是印象或是分析、是主觀或是客觀、是單一模式或是多重模式。今天大家所爭辯的文學批評是什麼或不是什麼，基本上都不會有結果，只會錯失建構系統理論的機會，而徒讓其他學科的人繼續譏笑文學理論仍在蹣跚學步之中。這樣看來，我們的說法是可信的。根據我們的說法去做，不但這些無益的爭辯會消失於無形，還能建立起有系統的理論。有了系統理論，也才可望跟其他學科「併肩齊步」。

【注　釋】

註　一　見伊格頓（Terry Eagleton），《當代文學理論導論》（聶振雄等譯，香港，旭日，一九八七年十月），頁一〇～一一；劉若愚，《中國文學理論》（杜國清譯，臺北，聯經，一九八五年八月），頁三〇五引德多洛夫（Tzvetan Todorov）語。這是說我們不可能給文學下一個「客觀的」或「精確的」定義。如果有人給文學下定義，那是他爲決定如何閱讀的問題，而不是判定他所寫事物本質的問題。

註　二　論者認爲文學理論也是一種幻覺，這首先意味著文學理論不過是社會意識形態的分支，根本沒有任何可以把它同哲學、語言學、心理學、文化的和社會的思想充分區別開來的單一性或特性；其次，它還意味著，它希望把自己區分出來，緊緊抓住一個叫做文學的對象，這是打錯了算盤（見註一所引伊格頓書，頁一九五）。

註　三　古來對於文學類型的區分，極爲紛歧，這裏無意去詳加探討，只擧出今人習稱的四種類型來論說。至於有人把可以橫跨文、哲兩界的散文，排除在文學之外（見韋勒克（Wellek）、華倫（Warren），《文學理論》（梁伯傑譯，臺北，水牛，一九八七年六月），頁三六四；王夢鷗，《文學概論》（臺北，藝文，一九七六年五月），頁九引《美國百科全書》說），這無關宏旨，我們也暫不以理會。

註　四　「文飾之學」，可以蕭統〈文選序〉「事出於沈思，義歸乎翰藻」的釋義爲準（參見註三所引王夢鷗書，頁三）；「語言藝術」，是西方人首先提出來區別「造形藝術」和「感覺藝術」的名稱（見康德（Kant），《判斷力批判》（宗白華、韋卓民譯，臺北，滄浪，一九八六年九月），上册，頁一七二）。而這「文飾之學」或「語言藝術」，就是詩歌、散文、小說和戲劇共有的特性。

註　五　有關懷疑論者的論調，見柴熙，《認識論》（臺北，商務，一九八三年八月），頁一四六～一四七；趙雅博，《知識論》（臺北，幼獅，一九九〇年七月），頁二五二～二五四。

註　六　我們所說的文學研究，跟文學理論是同義詞（後面提到的文學批評也是），這裏略以方便言說區分，不關本質。

註　七　格陵渥特（T. Greenwood）曾經指出假設的情況有三種：㈠在邏輯上：指一個假設命題的條件句子或前提。同時，也是一般情形的附屬論點。㈡在方法學上：指一個原則的提出，作爲對某一事實或一群事實的條件說明；或者，對某一現象的基礎，在證據未確定前，所作的「暫時假定」，以爲觀察或實驗的檢證。㈢蘇格拉底的假設方法：該方法係先給予一種不懷疑價值的假定，目的在分析或決定其結果。該假定並在明確辯論或判斷後，始決定其是否成立（見沈國鈞，《人文學的知識基礎》（臺北，水牛，一九八七年十二月），頁一〇二～一〇三引）。我們所要提出的說明，正是屬於第二種情況的假設。

註　八　見註一所引劉若愚書，頁一二～一三。

註　九　見施友忠，《二度和諧及其他》（臺北，聯經，一九七六年七月），頁六三～一一三。

註一〇　見註一所引劉若愚書，頁一三～二〇。

註一一　見王金凌，〈文學理論的理式〉，收於《古典文學》第七集（臺北，學生，一九八五年八月），下册，頁一〇三二～一〇四二。

註一二　見張雙英，〈文學理論產生的架構及其應用舉隅〉，收於《古典文學》第七集，下册，頁一〇四五～一〇六二。

註一三　見葉維廉，〈比較文學論文叢書總序〉（刊於《中外文學》第十一卷第九期，一九八三年二月），頁一二一～一三四。

註一四　就彌補亞氏圖式的立場來說，本國學者這些努力應該沒有白費，而且還可以藉此糾正執著一個「模子」衡量中西方文學理論者的錯誤。有關中西方文學理論「模子」不同的問題，參見葉維廉，《比較詩學》（臺北，東大，一九八三年二月），頁一～二五。

註一五　論說中所列作品、作家、宇宙、讀者等，屬於文學理論的對象；而由作品、作家、宇宙和讀者等所構成的模仿理論、實用理論、表現理論、客觀理論等，屬於文學理論的不同樣態。二者都不盡周全。

註一六　文學理論屬於人文科學的範圍。有些人認爲人文研究無法成爲一門科學，應該改稱人文學科，以有別於社會科學和自然科學。然而，科學是就一門知識的求知方法來說，學科是就一門知識的對象範圍來說（參見李明燦，《社會科學方法論》（臺北，黎明，一九八六年二月），頁二，魏鴻榮，《哲學定義》（臺南，聞道，一九八四年五月），頁一〇八～一一六），二者不能混爲一談。今天把人文科學改爲人文學科，不但不足以區別人文科學和其他科學的不同，還會造成語意的上混亂。事實上，人文科學跟其他科學不同的地方，在於所討論的命題和解釋的內容，不在於認知方法。因此，以科學來稱呼人文研究，是理所當然的事。如果眞要把人文科學改爲人文學科，其他兩門科學也要改爲社會學科和自然學科，才能符合類比的要求（這時就是以研究的對象範圍來區別三者的不同）。

註一七　荷曼斯（George C. Homans）說：「一個現象的理論就是一套對此現象的解釋。只有解釋才配得上用『理論』這名詞。」（見荷曼斯，《社會科學的本質》（楊念祖譯，臺北，桂冠，一九八七年三月）頁一八）另外，參見陳秉璋，《社會科學方法論》（臺北，環球，一九八九年五月），頁一三七～一三八；唐納（Jonathan H. Turner），《社會學理論的結構》（馬康莊譯，臺北，桂冠，一九八九年七月），頁三～一三。按：本節所論，多得自荷曼斯書的啓發，特此聲明。至於對文學現象的解釋成功，會對文學的創作活動、閱讀活動和批評活動產生什麼影響，這涉及文學理論的功用問題，已經超出我們討論的範圍，只好暫予擱置不談。

註一八　自然科學可以用實驗的方法，操縱變數（物質）和控制其他變數進入某一個實在現象中，以便科學家在研究他所感興趣的變數之間關係過程裏，能夠很清楚的顯現出來。社會科學的變數（人的行爲）就不容易控制。而人文科學的變數（語言）更難以控制。因爲變數有容易控制和不容易控制，自然會影響到解釋的效果。

註一九　見劉昌元，《西方美學導論》（臺北，聯經，一九八七年八月），頁二四一。

註二〇　當然，這裏所說的創造象徵，必然是可理解的。如果不可理解（歧義或曖昧不明），這個命題就不能成立。

註二一　見葉維廉主編，《中國現代文學批評選集》（臺北，聯經，一九七九年七月），〈序〉，頁一～五。

註二二　美感是由客觀對象的審美屬性引起，人感情上愉悅的心理狀態。包括感受、知覺、想像、情感、思維等心理功能在審美對象的刺激下交織活動形成的心理狀態（見王世德主編，《美學辭典》）臺北，木鐸，一九八七年十二月），〈美感〉條，頁六一）。根據這條定義，我們可以把美感視同一個敍述。

註二三　詳見佛克馬（Douwe Fokkema）、蟻布思（Elrud Ibsch），《二十世紀文學理論》（袁鶴翔等譯，臺北，書林，一九八七年十一月），頁七三～一二二。

註二四　其實，光以創作活動來說，馬克思主義文學理論這個敍述就無法用來解釋。在創作活動中，作者會努力經營作品的內涵和形式。作品的內涵有題材、主題和主張等，而作品的形式也有篇章組織和語言技巧等。生產方式變動，到底又改變了作品的什麼？我們根本無法預測。古人所說「文變染乎世情，興廢繫乎時序」（見劉勰，《文心雕龍》，《增訂漢魏叢書》本（臺北，大化，一九八八年四月），第四册，頁三一三七），也有這個問題在。

註二五　荷曼斯說：「馬克斯『法則』唯一可運用而且成功的貢獻，就是告訴我們不要將引導性的敍述誤認爲是科學的實際經驗和理論推理的成果。一個敍述能够告訴我們研究些什麼？如何去研究？它就是一個重要的敍述，可是它很少告訴我們研究的內容是什麼。套一句摩頓（Robert K. Merton）的話：『敍述是告訴我們如何去接近研究的對象，而不是研究的結果。』」（見註一七所引荷曼斯書，頁一一四）。

註二六　見涂公遂，《文學概論》（臺北，華正，一九八八年七月），頁一四五～一六一。

註二七　參見張春興，《心理學》（臺北，東華，一九八九年九月），頁四五三～四五四；張華葆，《社會心理學理論》（臺北，三民，一九八九年九月），頁四五～六四。

註二八　曹丕說：「蓋文章經國之大業，不朽之盛事。年壽有時而盡，榮樂止乎其身，二者必至之常期，未若文章之無窮。是以古之作者，寄身於翰墨，見意於篇籍，不假良史之辭（按：不字，據五臣本補），不託飛馳之勢，而聲名自傳於後。」（見曹丕，〈典論論文〉，收於《增補六臣註文選》（臺北，華正，一九七九年五月），頁九六五）「古之作者」認爲文章可以「經國」，可以「不朽」（延續個人的精神生命），顯然文章的價值高於一切，所以他們迫不及待的要從事文學創作。這正好可以印證我們這裏所說的話。相反的，一個人認爲文學沒有什麼價值，他就不會去創作。程頤說：「《書》曰：『玩物喪志。』』爲文亦玩物也。……某素不作詩。亦非是禁止不作，但不欲爲此閑言語。」（見朱熹編，《河南程氏遺書》（臺北，商務，一九七八年十一月），下册，頁二六二～二六三）像程頤這種視「作文害道」而貶低文學價值的人，自然不可能跟別人去舞文弄墨了。

註二九　由歸納而來的命題，蓋然率有高有低。通常文學理論家所發現（建立）的命題，蓋然率不會很高。

註三〇　如畢士利（M. Beardsley）發現的一個命題：如果某一作品具有強度、統一與複雜性，則此作品的審美價值就高（見註一九所引劉昌元書，頁一二六～一二八）。這個命題就無法用來解釋一些表情不够強烈、組織不够統一、內容不够複雜而仍具有很高審美價值的作品（如中國大部分的文學作品）。至於現代文學批評（如現象學、結構主義、精神分析學、社會（政治）批評等）所建構的一些命題，也有這樣的問題。

註三一　這裏講控制，似乎有爲某些實際操縱文學的「野心家」（如馬克思主義者）辯護的意味。其實不然，因爲控制文學（一如控制其他的事物），永遠是人類的夢想，絕不是「野心家」的專利。「野心家」所以受人詬病，不在於企圖控制文學，而在於他用了不該用的（政治）手段，使文學大爲變質。

註三二　見沈清松，《解除世界魔咒》（臺北，時報，一九八六年十月），頁二一～二八。

註三三　我們用「主要」一詞，是表示容許有例外的情況。至於「表現」一詞，含有「徵候」或「象徵」的意思。它不同於一般所說的「外現」，或克羅齊所說的「直覺」，或形式美學家所說的「表意的成分」（參見朱光潛，《詩論》（臺北，德華，一九八一年一月），頁九〇～一一五）。

註三四　題材，是指作品中具體的人物、地點、行動或事件。主題，是指貫串題材的一般觀念。主張，是指作品所辯護的思想或立場（見註一九所引劉昌元書，頁二五一～二五二）。

第一章　緒　論

一、本文的性質

七十多年前，美國《展望週報》總編輯亞博特（Lyman Abbott）發表一部自傳，在第一篇中記載他父親的談話說：「自古以來，凡哲學上和神學上的爭論，十分之九都只是名詞上的爭論。」亞博特在這句話後面加上一句評論說：「我父親的話是不錯的。但我年紀越大，越感覺到他老人家的算術還有點小錯。其實剩下的那十分之一，也還只是名詞上的爭論。」（註一）亞博特父子的議論頗有意思，不禁讓我們聯想到文學上的爭論，也是類似這種情況。如什麼是文學，什麼是文學史，什麼是文學批評，什麼是文學理論，不知被翻來覆去討論過多少次，始終沒有定論，以至每當有人提出某種主張時，倘若涉及上面的名詞，首先就會遭到詰問，而可能要多費一番辯白的工夫。我們想要避開這種窘境，似乎只有一個辦法，就是妥善的界定自己所使用的名詞，不致成為溝通上的障礙，也許就能減少一些無謂的爭端。因此，往後的論說，凡是用到特殊的概念或專門的術語，我們也會想辦法把它界定清楚。

當我們要界定一個名詞時，所要考慮的是它所指涉的對象（不論事實存在或想像存在（註二）的性質。換句話說，我們必須標舉該名詞（所指涉的對象）的一切必要特性，以便跟其他名詞（所指涉的對象）有所區別。（註三）就文學來說，它是語言所構成的（註四），這種語言在不跟語言本身作比較時（註五），我們稱它爲第一層次的語言，或對象語言。（註六）而用來談論文學的語言，我們稱它爲第二層次的語言，或後設語言。再有談論這一層次的語言，我們稱它爲第三層次的語言，或後設後設語言。（註七）現在我們要問的是，這種對象語言、後設語言以及後設後設語言的性質是什麼？也就是說，它們跟別的對象語言、後設語言以及後設後設語言，到底有什麼不同？（註八）

首先，我們看文學和哲學以及科學各自具有什麼足以互相區別的性質。（註九）大致說來，科學所指涉的是事物的狀態；哲學所指涉的是宇宙人生的原理；文學所指涉的是人的情意，彼此有相當明顯的界線。（註一〇）這些對象語言原都隸屬於思想（註一一），而爲了指涉事物的狀態，所以有了科學；而爲了指涉宇宙人生的原理，所以有了哲學；而爲了指涉人的情意，所以有了文學。這樣看來，文學的獨特性是存在的。（註一二）其次，談論文學的後設語言以及談論後設語言的後設後設語言，跟談論科學、哲學的後設語言以及談論後設語言的後設後設語言，都受到各自對象語言的「制約」，更不會有相混的現象。所以這裡就不再細加分判，只保留談論文學的後設語言以及談論後設語言的後設後設語言。

談論文學的後設語言，所指涉的是文學的歷史，以及文學的本體（基本性質和功用）和文學的現象（如形式、類別、風格和技巧等）。第一部分，我們稱它爲文學史；第二、第三部分，我們稱它爲文學批評。由於文學批評含有理論探討和實際批評兩種情況，所以我們又把它分爲理論批評和實際批評。換句話說，談論文學的後設語言，就是文學史和文學批評，而文學批評又分爲理論批評和實際批評。至於談論後設語言的後設後設語言，所指涉的是文學批評的歷史，以及文學批評的本體（基本性質和功用）和文學批評的現象（如對象、目的、媒介和形式等）。第一部分，我們稱它爲文學批評史；第二、三部分，我們稱它爲文學批評的批評。同樣的，文學批評的批評也含有批評的理論探討和批評的實際批評，所以我們又把它分爲批評的理論批評和批評的實際批評。換句話說，談論後設語言的後設後設語言，就是文學批評史和文學批評的批評，而文學批評的批評又分爲批評的理論批評和批評的實際批評。（註一三）

現在我們所要研究的對象是詩話中的摘句批評，摘句批評屬於文學批評中實際批評的範圍，而我們再對摘句批評作批評，就是屬於文學批評的批評中實際批評的範圍。（註一四）文學批評的實際批評，主要成分是詮釋（包括說明和解釋）和評價（註一五）；文學批評的批評的實際批評，主要成分也是詮釋和評價。我們既然選定詩話摘句批評作爲研究對象，自然也包括詮釋和評價這兩部分。這就有別於文學批評的理論批評以及文學批評史。

二、研究的目的

從人意志的一切動作和願望都指向他所認知的價值（對象的完善）（註一六）來看，我們研究詩話摘句批評，也必定認爲它是有價值的，不然這種研究就沒有什麼意義。換句話說，詩話摘句批評如果沒有什麼價值，我們還要去研究它，除非不出於意志，否則是很難理解的。因此，指出詩話摘句批評的價值所在，進而表明我們對它的需求，也就成爲一件急迫的事了。

這得從詩話本身談起。詩話到底是什麼？前人對它有這樣的評述：

中國文學，實爲世界最豐富之寶庫，體例繁夥，珍品侈陳，詩話一門尤爲中國文學特創之體製。自鍾嶸創作《詩品》，第作者之甲乙，而溯厥師承，其後作者輩出，而爲例亦趨廣泛。若皎然《詩式》，備陳格律；孟棨《本事詩》，旁採故實；劉攽《中山詩話》、歐陽修《六一詩話》，則又體兼說部。於是體例既備，所撰遂夥，蓋已蔚附庸爲大國矣。（註一七）

這裡所說詩話爲中國文學特創的體製，作者衆多，體例廣泛（註一八），都是事實。而就最後一項來說，值得探討的問題很多，不止摘句批評而已。（註一九）現在我們把摘句批評獨立出來，也得有充足的理由才行。

就詩話的體例看來，有關詩人才士的趣聞逸事，可以畫歸說部，不予討論，其餘都跟我們的研究有密切的關係。這有的涉及文學史，有的涉及文學批評（包括理論批評和實際批評），有的涉及文學批評史，有的涉及文學批評的批評（包括批評的理論批評和批評的實際批評），洋洋大觀，令人目不暇給。在一番考察後，我們發現涉及文學批評的部分，是詩話的重心所在，其他的話題都從這點衍生或附屬在這點上。（註二〇）我們想要瞭解詩話，能掌握到它，就有如網在綱一樣的便利。不過，涉及文學批評的部分，還有理論批評和實際批評的區別，這是否有必要再分輕重，本來也頗費斟酌，後來我們分別檢討理論批評和實際批評，發覺這是一體的兩面，根本無法强行分離（註二一）；既然無法强行分離，也就沒有孰輕孰重的顧慮。因此，探討理論批評而以實際批評為印證，或探討實際批評而以理論批評為根據，都無不可。只是我們還有一個企圖，就是想藉這種實際批評，來跟西方文學批評的實際批評作對照，提供大家重新思考實際批評方法的機會，所以決定整個研究工作以實際批評為主，而以理論批評為輔。

雖然如此，詩話中的實際批評，仍不僅摘句批評一項，還有全詩批評、個別詩人全集批評、一體一類批評（註二二），以及一代詩人總集批評等，又為什麼不選擇它們，而選擇摘句批評？我們的考慮是摘句批評跟全詩批評、個別詩人全集批評、一體一類批評、一代詩人總集批評等，在批評方式上沒有什麼差別，而摘句批評以個別詩句為對象，是最基本的批評，在詩話的實際批評中具有代表性。因此，這裡就略去全詩批評、個別詩人全集批評、一體一類批評，以及一代詩人總集批評等，而專門討論摘句批評。換句話說，我們所以只選擇摘句批評，是因為再也沒有比摘句批評更為基本的批評，同時要瞭解其他的批評，也可以透過摘句批評去舉一反三。

然而，摘句批評又具有什麼價值，使我們想要去研究它？這得從一個事實說起：我們把批評方式加以抽象，可以看出摘句批評這種批評方式（註二三），在古代一直被人奉行不渝；到了近代，因爲敵不過來自西方的另一種批評方式，才逐漸的沒落。由於它的沒落，使後來的人順理成章的把西方文學批評那種批評方式視爲唯一有效的，卻不知道這已經產生一個問題，就是每使用別人的方法一次，內心就不安一次，因爲不知道爲什麼要這麼做。反觀古人，只是「一直作去」，從來不擔心他所使用的方法有問題。顯然西方文學批評那種批評方式，對西方人有意義，對我們不一定有意義；而古人始終採行摘句批評這種批評方式，表示它對文學創作或文學潮流具有一定的影響力，不能隨意加以否定。由此看來，摘句批評的價值，就在於它蘊涵了一種「不可或缺」的批評方式。這對我們來說，已經構成一股強烈的吸引力，而決定要去探個究竟。

再回過來看，今人盲目的揚棄摘句批評這種批評方式，除了顯示自己在認知上的不足，也顯示整個實際批評已經產生了質的變化。這種變化是好是壞，還有待觀察，我們這裡只是要告訴大家，摘句批評這種批評方式確實不可缺少，不必對它有所懷疑，也不必刻意加以排棄。換句話說，我們這裡多少含有邀請大家再來「體驗」摘句批評這種批評方式的意味。不過，這件事的效果，並不是我們所能預期的（註二四），我們所能預期的是將有足夠的證據來證明摘句批評這種批評方式是不可或缺的。因此，證明摘句批評這種批評方式是不可或缺的，也就成了我們這次研究本身的目的了。

三、研究的範圍

我們開始以「摘句批評」標題，已經表明這是要從批評者立場來作研究，跟從讀者立場來作研究，迥然不同。（註二五）只是有關摘句批評的認定，還有問題，必須說明清楚，才能進行研究。換句話說，我們要先爲我們的研究畫定一個範圍。

因爲摘句批評是一種實際批評，主要成分爲詮釋和評價，我們的研究自然要受到相當程度的限制。這種限制，分別呈現在材料和材料的細部歸類上。前者是第一層次的限制，多少帶有主觀的色彩；後者是第二層次的限制，純粹爲客觀的約定。也就是說，含有摘句批評的材料，可能沒有止盡，我們必須加以選擇，才能進行研究，不免帶有主觀的色彩；而材料既經選定後，一定要符合摘句批評的條件，才是我們研究的對象，這純粹爲客觀的約定。（註二六）現在就進一步具體的加以說明。

根據現在所保存的文獻看來，在先秦時代就有了摘句批評，如：

「唐棣之華，偏其反而。豈不爾思？室是遠而！」子曰：「未之思也，夫何遠之有？」（註二七）

「《詩》曰：『天生蒸民，有物有則，民之秉彝，好是懿德。』孔子曰：『爲此詩者，其知道乎！』故有物必有則，民之秉彝也，故好是懿德。」（註二八）

《詩》云：「緡蠻黃鳥，止於丘隅。」子曰：「於止，知其所止，可以人而不如鳥乎？」（註二九）

這些都是就當時所流傳的詩篇，摘取其中幾句加以批評的例子。雖然它們跟當時另一種「斷章取義」（註三〇）的情況很類似（偏重在意義的詮釋），但是這已經含有評價的意味，可以視爲後世摘句批評的雛形。到了魏晉南北朝，摘句批評受到人物品鑑的影響（註三一），開始風行起來，而且評價的成分也有顯著的增加，如：

謝公因子弟集聚，問《毛詩》何句最佳。遏稱曰：「昔我往矣，楊柳依依。今我來思，雨雪霏霏。」公曰：「訏謨定命，遠猷辰告。」謂此句偏有雅人深致。（註三二）

如欲辨秀，亦惟摘句。「常恐秋節到，涼飈奪炎熱。」意悽而詞婉，此匹婦之無聊也。「臨河濯長纓，念子悵悠悠。」志高而言壯，此丈夫之不遂也。「東西安所之，徘徊以旁皇。」心孤而情懼，此閨房之悲極也。「朔風動秋草，邊馬有歸心。」氣寒而事傷，此羈旅之怨曲也。（註三三）

至乎吟詠情性，亦何貴於用事？「思君如流水」，既是即目；「高臺多悲風」，亦惟所見；「清晨登隴首」，羌無故實；「明月照積雪」，詎出經史。觀古今勝語，多非補假，皆由直尋。（註三四）

這幾個例子，已經是道道地地的摘句批評，不再像以前偏重在意義的詮釋。而這只是隨機而發，當時還有專以摘句批評爲能事的（如史書所載張眎的摘句褒貶）。可見魏晉南北朝已經爲後世的摘句批評奠立了基礎。至於魏晉南北朝以後，摘句批評的風氣更爲昌盛，就不用多說了。

像上面所舉摘句批評的例子，從先秦以來，不知道有多少，想要全部網羅來研究，並不是一件容易的事。因此，自我設定一個範圍，也就勢在必行了。（註三五）在這個前提下，我們選定何文煥編《歷代詩話》，丁福保編《續歷代詩話》、《清詩話》，以及郭紹虞編《清詩話續編》中所收詩話，作爲主要的材料；而以其他單行本的詩話和輯佚的詩話，作爲次要的材料（註三六），相信這些材料足夠提供我們研究所需要的實例。

再來這些材料中，只有符合摘句批評的條件，才是我們研究的對象。也就是說，它至少要有評價的成分（註三七），我們才會去討論。這樣我們就可以不考慮詩話中有「摘而不評」之類的情況。（註三八）雖然我們知道那些被摘的大都是好句子，但是作者沒有明白說出，無從討論起。即使有人堅持那也是摘句批評的「類型」之一，我們仍然不會加以討論。如果眞要瞭解它，只好跟被作者評爲「佳句」、「警句」一類並看，這一類也在我們的探討之列。

四、研究的方法

在研究的目的那一節中，我們說到這次的研究是要證明摘句批評這種批評方式是不可或缺的。而在研究的範圍那一節中，我們又說到這次的研究是以通行的詩話中所含有的摘句批評爲對象。現在我們要說明怎樣利用這些材料，來達成預定的目的，也就是方法的問題。

這裏所說的方法，是指解決問題的方式，或處理問題的程序，而不是指器物利用，或官能運作。（註三九）既然如此，當我們所要解決（處理）的問題改變時，所採取的方法也要跟著改變。換句話說，方法是隨著我們所要解決（處理）的問題而來的，問題不同，方法也就不一樣。（註四〇）現在我們所面對的問題是怎樣證明摘句批評這種批評方式是不可或缺的，因此，我們所採取的方法，必然要以能解決這個問題爲唯一考慮。但是這個方法只是解決問題的方式，無法另外給它一個名稱（如歸納法、演繹法、綜合法、分析法、現象學方法、詮釋學方法、對比法之類），只能就實際情況加以說明。（註四一）

在第一節中，我們說過本文的主要成分是詮釋和評價，而詮釋部分，又分爲說明和解釋。（註四二）說明和解釋以及評價，就是目前我們所面臨的三個任務。這三者本來沒有必然的關係（註四三），但在這裏卻要把它們連貫起來，以便達成我們的目的。也就是說，我們必須先就摘句批評的現象加以說明，然後解釋它的因果關係，最後拿它跟西方的文學批評作比較而給予適當的評價，才能解決我們所提出的問題。這樣一來，說明和解釋以及評價，也就有了邏輯上的關聯，而成爲推動整個研究工作的必要「手段」。

我們所採取的方法，大致如此。但是我們還要問這種研究如何可能？換句話說，這種方法如何保證結論的可靠？這就得從方法本身說起。首先，我們看說明的部分有沒有問題。嚴格的說，摘句批評的「差別相」（具體的摘句批評）是很難指陳得盡的，爲了論說方便，我們必須把重點放在「共相」（抽象的摘句批評）上（註四四），這自然會使說明的工作受到限制（無法兼顧所有的「差別相」）。雖然如此，整個說明有詩話作根據，還是可以成立的。如果有人不同意我們的說明，他可以再提一套說法，只是他可能要重新建立假設才行（註四五），這就跟我們的研究無關了。

其次，我們看解釋的部分有沒有問題。所謂解釋，就是把摘句批評視爲一「物體」，視爲創造（文學批評也是一種創造（註四六））活動的產物，文化世界的成品，而援用因果原理來解釋它。於是，摘句批評或由心理歷程決定，或由歷史環境決定，也就有根有源了。但是要解釋摘句批評，不能通過摘句批評本身，只能通過摘句批評者的心理歷程，或決定這種心理歷程的歷史環境，這就需要一番推理，才能得出結論，它的可靠性也就不是絕對的了。雖然結論不是絕對的可靠，還是不失爲可以依循的根據（除非別有更可靠的結論出現，不然它就是「定論」了）。

最後，我們看評價的部分有沒有問題。就摘句批評來說，它的價值雖然來自我們的估定，但是這個估定不能是任意的，否則別人無法加以檢驗，而確定價值的眞實性。（註四七）因此，我們可以拿它跟西方文學批評作比較，找出彼此的「對應點」，設定一個標準，來進行評估，所得到的價值，就具有普遍意義，而可以邀人一起來領受。在這個過程中，有關標準的設定，可能會引起少許的爭議。也就是說，別人也可以另尋一個標準，來進行評估，而得出不同的結果。不過，我們已經強調這個標準不是主觀的專斷，應該不會影響到結果的確切（除非別人有辦法否定這個標準，不然我們的評估就是可信的了）。

很顯然我們的研究是可能的。再來就是如何把說明和解釋以及評價作更緊密的聯結，好順利達到我們的目標。大家都知道我們所能接觸（觀察）的只是摘句批評的現象，而摘句批評的現象無法自我證明它是不可或缺的。所謂不可或缺，是我們「看」出來的，也是我們對它的評價。現在我們要告訴別人這點，就得提出有力的證據才行。而這首要工作，就是說明摘句批評的現象，以確定其他工作的方向；接著就是解釋這種現象的因果關係，以證實它的必然性；最後就是根據它的必然性，來裁定它的價值。依此看來，說明和解釋以及評價就缺一而不可了。

五、研究內容概要

摘句批評這種批評方式，在現代經常遭受責難（註四八），以致沒有人敢觸犯眾忌而再度採用。然而，責難摘句批評這種批評方式的人，也始終提不出令人滿意的理由，倒是有的信口開河，或人云亦云，造成視聽的混淆。至於有少數維護這種批評方式的人，所論也僅止於一些不關緊要的層面，不但不足以顯示這種批評方式的眞相，更無法澄清今人對於這種批評方式的誤解。因此，我們的研究自然充滿著「迫切性」和「挑戰性」。首先，我們要對以往「正」「反」兩面的言論加以檢討，一一指出他們（發表這些言論的人）在觀照上流於片面，在詮釋上不夠深入，在評斷上過度草率，以及在態度上有失公允，作爲爾後研究的引子。這是第二章〈過去研究成果的檢討〉的主要內容。

其次，我們要把摘句批評的現象作一番歸納說明，確定它是以特殊的詩句爲對象、以價值的評估爲依歸、以批評的語言爲媒介，以及以單一的判斷爲手段，以便追溯它的來源。這是第三章〈詩話摘句批評的現象〉的主要內容。

再次，我們要就摘句批評的現象加以解釋，分別以詩教使命的促使、批評本質的限定、語彙系譜的作用，以及價值判斷的局限，來闡明摘句批評所以以特殊的詩句爲對象、所以以價值的評估爲依歸、所以以批評的語言爲媒介，以及所以以單一的判斷爲手段的原因。這是第四章〈詩話摘句批評的原理〉的主要內容。

再次，我們要將摘句批評的功能，作一點推測，肯定它可以開啓後進創作的途徑、提供批評家攻錯的機會，以及延續詩句的生命，以印證我們所作的解釋。這是第五章〈詩話摘句批評的功能〉的主要內容。

再次，我們要從摘句批評的原理（因果關係）出發，透過跟西方文學批評的比較，判斷它成就了一種不可或缺的批評方式，來肯定它的價值；並且以維護了批評對象的純粹性，對這一不可或缺的批評方式的功能作一點回應，合而可以看出摘句批評的現代意義。這是第六章〈詩話摘句批評的現代意義〉的主要內容。

最後，第七章是我們的結論，除了回顧研究的主要內容，也對未來可以繼續開拓的領域作一些展望，不致使本研究成為一個孤立的事件，而無益於整體文學理論的建樹。

【注釋】

註一　見胡適，《我們走那條路？》（臺北，遠流，一九八六年七月），頁一四一引。胡適此文寫於一九三五年六月二十二日，所引亞博特自傳事，相距二十年，至今又隔五十多年，所以開頭逕稱七十多年前。

註二　被指涉的對象不一定是具體可見的特定事物。它可以是一群事物（如「狗」），或是一種性質（如「堅決」），或是一種事態（如「無政府狀態」），或是一種關係（如「擁有」）等（見艾斯敦（William P. Alston），《語言的哲學》（何秀煌譯，臺北，三民，一九八七年三月），頁一八）。這些被指涉的對象，有的是事實存在，有的是想像存在。

註三　見布魯格（W. Brugger），《西洋哲學辭典》（項退結譯，臺北，華香園，一九八九年一月），〈定義〉條，頁一四六。定義（界定的同義詞）名詞的方式很多（參見徐道鄰，《語意學概要》（香港，友聯，一九八〇年一月），頁一四一—一五四；戴華山，《語意學》（臺北，華欣，一九八四年五月），頁二二一—二四三），其中以本質定義為正規的定義（參見劉奇，《論理古例》（臺北，商務，一九八〇年六月），頁一四六—一六二；柴熙，《哲學邏輯》（臺北，商務，一九八八年十一月），頁八三—八七），而本質定義，就是要舉出該名詞所指涉的對象的本質屬性。

註四　這裏所說的語言，跟文字為同義語。

註　五　如果把人類所創造的語言記號，稱作首度的規範系統，文學就是建構在前者上的二度規範系統（參見古添洪，《記號詩學》（臺北，東大，一九八四年七月），頁二三及一一九）。理論上是這樣說，實際上這兩個系統常常難以分辨。為了專注在文學的討論，只好暫時把語言本身的問題擱置一旁。

註　六　通常用來談論（指陳）事物的狀態（物理的現象）的語言，我們稱它為對象語言（參見沈清松，《現代哲學論衡》（臺北，黎明，一九八六年十月），頁六〇；何秀煌，《記號學導論》（臺北，水牛，一九八八年九月），頁一三）。文學所談論的主要是人的情意，跟前者所談論的事物的狀態雖然不同，但是彼此的「形態」是一樣的，所以我們也稱它為對象語言。

註　七　理論上語言的層次可以是無窮的。也就是說，我們可以有後設語言，也可以有後設後設語言，以及後設後設後設語言等（參見前註所引沈清松書，頁六一；何秀煌書，頁一四）。不過，一般使用不到這麼多層次。

註　八　別的對象語言，主要是指日常談話、科學和哲學；而談論日常談話、科學和哲學的語言，就是後設語言；而談論後設語言的語言，就是後設後設語言。不過，日常談話並沒有固定的指涉對象，很難跟科學、哲學和文學並列來談，所以有關日常談話部分，這裏就不加以考慮了。

註　九　有時候，這幾種對象語言並沒有明顯的差別，我們分開談論它們，實在沒有意義。但是大多時候，這幾種對象語言是有差別的，我們所能談論的就是這一部分。

註一〇　參見趙天儀，《美學與語言》（臺北，三民，一九七八年十二月），頁九〇—九七；成中英，《科學眞理與人類價值》（臺北，三民，一九七九年十月），頁七四—八七；趙雅博，《文藝哲學新論》（臺北，商務，一九七四年五月）

，頁四八—四九及二二七—二二八。

註一一　語言和思想的關係，自古就爭論不休，有的認爲語言就是思想，有的認爲語言只是思想的一部分。近來普遍傾向後一種說法（參見黃宣範，《語言哲學》（臺北，文鶴，一九八三年十二月），頁八七—一一八；謝國平，《語言學概論》（臺北，三民，一九八六年九月），頁三三〇）。還有思想的涵意主要有兩層：一指一般的思考活動（所謂思考，是指有助於我們敘述或解決一個問題，從事一項決定，或實現一種理解事物的慾望的任何心理活動。見芮基洛（V. R. Ruggiero），《實用思考指南》（游恆山譯，臺北，遠流，一九八八年四月），頁三）；一指建立判斷（或命題）和推理的活動（見勞思光，《思想方法五講》（香港，友聯，未著出版年月），頁四）。這裏兼含這兩層意義。

註一二　有人認爲文學是一種思想意識，沒有屬於它的特殊的本質（見伊格頓（Terry Eagleton），《當代文學理論導論》（聶振雄等譯，香港，旭日，一九八七年十月），頁一一、一八及一八八）。這樣的認識，顯得不夠眞切。

註一三　我們平常所說文學研究的範圍，大概如此（參見劉若愚，《中國文學理論》（杜國清譯，臺北，聯經，一九八一年九月），頁一—三）。我們也可以把這些細目合稱爲文學理論。另外，有所謂三分法，如韋勒克（Wellek）、華倫（Warren），《文學理論》（梁伯傑譯，臺北，水牛，一九八七年六月），頁四五，把談論文學的原理、範疇、標準等問題，稱作「文學理論」，而把談論具體的文學作品，稱作「文學批評」或稱作「文學史」；又提到「文學理論」、「文學批評」和「文學史」是完全連在一起的。這很讓人費思，因爲該章所用「文學理論」應是取其狹義，跟書名所用「文學理論」取其廣義有所不同；而該章所用「文學批評」，僅指實際批評，而不及理論批評，也有待分辨。因此，我們不贊同這種分法。

註一四　在我們的用法中，「研究」和「批評」爲同義語（參見柯慶明，《境界的探求》（臺北，聯經，一九八四年三月），頁一七—一八）。有人强把它們分開，認爲前者是探求眞理的活動，後者是純粹的美感活動（見高友工，〈文學研究的理論基礎〉，收於李正治主編，《政府遷臺以來文學研究理論及方法之探索》（臺北，學生，一九八八年十一月），頁一三三）。這我們不同意，因爲文學批評不如他所說的那麼「單純」。

註一五　見註一三所引劉若愚書，頁二。劉氏在詮釋項下，細分描述和分析，似乎不夠貼切（因爲詮釋本身已經含有主體的價值判斷在內，而描述和分析有時可以作到不含任何的價值判斷，二者多少有些差距），我們把它改爲說明和解釋。說明和解釋以及評價，合爲文學批評的三個任務（參見杜夫潤（Mikel Dufrenne），〈文學批評與現象學〉，收於鄭樹森編，《現象學與文學批評》（臺北，東大，一九八四年七月），頁六一；亞德烈（Virgil C. Aldrich），《藝術哲學》（周浩中譯，臺北，水牛，一九八七年二月），頁七一及一五三—一九九）。雖然如此，文學批評還是以評價爲主。有人認爲近代的文學批評，除了馬克思主義的文學批評，幾乎所有的批評觀念都放棄了價值的判斷（見佛克馬（Douwe Fokkema）、蟻布思（Elrud Ibsch），《二十世紀文學理論》（袁鶴翔等譯，臺北，書林，一九八七年十一月），譯序，頁VI VII）。其實，這只是一種假象，因爲近代的文學批評，無不受制於各自的歷史、文化以及思維系統，所用來解析的方法，已經隱含價值判斷在內，只是從事者沒有自覺而已。

註一六　參見註三所引布魯格書，〈目的〉條，頁一七四。按：價值有正面價值，也有負面價值。一般情況，前者才是我們所要追求的。因此，在不涉及相對立論時，我們所說的價值，都是指正面的價值。

註一七　見桐廬主人，〈柳亭詩話序〉，宋俊，《柳亭詩話》（臺北，廣文，一九七一年九月），頁一。另外，參見永鎔等，

《四庫全書總目提要》（臺北，商務，一九七一年七月），〈詩文評類序〉，頁四三四九－四三五〇；鄭靜若，《清代詩話敘錄》（臺北，學生，一九七五年五月），〈序〉，頁一。

註一八　許顗《彥周詩話》說：「詩話者，辨句法，備古今，紀盛德，錄異事，正訛誤也。若含譏諷，著過惡，誚紕謬，皆所不取。」（《歷代詩話》本（臺北，藝文，一九八三年六月），頁二二一）上面桐廬主人所說「第作者之甲乙，而溯厥師承」、「備陳格律」、「旁採故實」、「體兼說部」，跟許顗這裏所說「辨句法」、「備古今」、「紀盛德」、「錄異事」、「正訛誤」大致相同。古來詩話，大都不出這個範圍。參見吳宏一，《清代詩學初探》（臺北，學生，一九八六年一月），頁四－五；傅庚生，《中國文學批評通論》（臺北，華正，一九八四年八月），頁四二－四三。

註一九　摘句批評，函蓋在許顗所說「辨句法」、「正訛誤」內（桐廬主人雖然沒有明白提及摘句批評，我們也不難瞭解摘句批評已經隱含在他的言論中。另外，張嘉秀〈詩話總龜序〉說：「夫詩，胡為者也？宣鬱達情，擷菁登碩者也。夫話，胡為者也？摘英指類，標理斥迷者也。」（阮一閱，《詩話總龜》（臺北，廣文，一九七三年九月），頁二）張嘉秀所說的「摘英指類」，自然也包含摘句批評）。而摘句一詞，自古已有，蕭子顯《南齊書》說：「若子桓之品藻人才，仲治之區判文體，陸機辨於〈文賦〉，李充論於〈翰林〉，張眎擿（同摘）句褒貶，顏延圖寫情興，各任懷抱，共為權衡。」（（臺北，商務，一九八一年一月），〈文學傳論〉，頁四七七）《蔡寬夫詩話》說：「詩全篇佳者誠難得，唐人多摘句為圖，蓋以此。」（郭紹虞，《宋詩話輯佚》（臺北，華正，一九八一年十二月），頁四〇六）至於批評一詞，為今人所常用，含有詮釋、評價等意義，這在前節中就說過了。另外，參見高辛勇，《形名學與敘事理論》（臺北，聯經，一九八七年十一月），頁一；姚一葦，《藝術的奧秘》（臺北，開明，一九八五年十月），頁三四九—三五三。

註二〇　這個問題跟我們所要探討的摘句批評這種批評方式，並沒有必然的關聯，所以這裏就省略理由，只提出結論。

註二一　也就是說，實際批評須要以理論批評爲根據，而理論批評也須要以實際批評爲印證。有關理論批評和實際批評的關係，參見古添洪，〈中國文學批評中的評價標準〉，收於葉慶炳、吳宏一等著，《中國古典文學批評論集》（臺北，幼獅，一九八五年一月），頁九五。

註二二　這裏所說的「體」，主要依語言形式來畫分，如古體詩、近體詩；而「類」，主要依題材來畫分，如詠物詩、山水詩。詩話中就一體一類加以批評的，爲數也不少。

註二三　就批評方式這點來說，我們舉摘句批評，就等於舉全詩批評以下的各種批評，甚至還可以包括中國傳統的各種批評。

註二四　想邀請大家再來「體驗」摘句批評這種批評方式，是我們研究者的目的，這個目的是否能達到，有待日後的觀察才知道，現在我們無法作任何的預測。

註二五　從批評者立場來作研究，是要研究摘句批評的運作情況；從讀者立場來作研究，是要研究讀者對摘句批評的接受情況。如果是後者，就不能只以「摘句批評」一標題，而必須另加其他的名稱。

註二六　話雖是這樣說，我們在界定摘句批評的性質時，已經含有主觀的假設，不可能完全依照實際的情況來論說（因爲實際的摘句批評到底是什麼，誰也沒有絕對的把握）。這裏所指的客觀，是在已經界定的範圍內的客觀，不能跟「原始」的客觀相混淆。

註二七　見邢昺，《論語正義》，《十三經注疏》本（臺北，藝文，一九八二年八月），〈子罕篇〉，頁八一。

註二八　見孫奭，《孟子正義》，《十三經注疏》本，〈告子篇〉，頁一九五。

註二九　見孔穎達，《禮記正義》，《十三經注疏》本，〈大學篇〉，頁九八四。

註三〇　「斷章取義」是不顧全詩的旨意，僅就其中幾句加以引申發揮。參見屈萬里，〈先秦說詩的風尚和漢儒以詩教說詩的迂曲〉，收於《屈萬里先生文存》（臺北，聯經，一九八五年二月），第一冊，頁二〇六—二〇七。

註三一　魏晉南北朝期間，詩的批評，深受人物品鑑風氣的影響（參見龔鵬程，《文化、文學與美學》（臺北，時報，一九八八年二月），頁八七—九八）；摘句批評應當也是。

註三二　見劉義慶，《世說新語》，《新編諸子集成》本（臺北，世界，一九七八年七月），〈文學篇〉，頁五九。

註三三　見劉勰，《文心雕龍》（黃叔琳注本，臺北，商務，一九七七年二月），〈隱秀篇〉，頁四六。

註三四　見鍾嶸，《詩品》，《歷代詩話》本（臺北，藝文，一九八三年六月），〈序〉，頁八。

註三五　當然，我們所設定的範圍，一定要能函蓋多種「類型」的摘句批評，才不會影響到結論的可靠性。

註三六　主要材料部分，都是今天常見的；次要材料部分，就不一定了。好在它是次要材料，多寡都不至於影響我們的結論。

註三七　摘句批評通常只有評價，沒有詮釋；即使有詮釋，也只是作爲輔助用。因此，只要有評價，就是我們研究的對象。

註三八　從唐代以來，就有不少人專集詩人秀句，如元兢《古今詩人秀句》、僧元鑑等《續古今詩人秀句》；或摘句爲圖，如張爲《詩人主客圖》、李洞《集賈島詩句圖》、專崇《句圖》、高似孫《選詩句圖》（參見郭紹虞，《中國文學批評史》（臺北，文史哲，一九八二年九月），頁二八二—二八三；羅根澤，《隋唐文學批評史》（臺北，學海，一九七八年九月），頁二二三；羅根澤，《晚唐五代文學批評史》（同上），頁四八—五七）；詩話中只摘句而不評價的情況，應該跟它們相似，實際上已經隱含評價在內，只是嫌它太過「空洞」，暫時不予討論。

註三九 參見何秀煌，《文化・哲學與方法》（臺北，東大，一九八八年一月），頁二五；張家銘，《社會學理論的歷史反思》（臺北，圓神，一九八七年十月），頁一一五。

註四〇 參見史作檉，《哲學人類學序說》（新竹，仰哲，一九八八年二月），頁二七；黃俊傑編譯，《史學方法論叢》（臺北，學生，一九八四年十月），頁二四三—三〇一。

註四一 一般所說的歸納法、演繹法、綜合法、分析法、現象學方法、詮釋學方法、對比法等（參見杜維運，《史學方法論》（臺北，三民，一九八七年九月），頁六五—一二八；沈清松，《解除世界魔咒》（臺北，時報，一九八六年十月），頁五—一一），都是從實際的研究中抽提出來的，不是先有這些方法的存在，才有實際的研究（後來藉用這些方法來進行研究，另當別論）。現在我們面對的問題，並沒有相應的方法可以應用，自然無法給它一個名稱。

註四二 詮釋一詞，在西方的詮釋學上，有特殊的涵意，總括有解釋（找尋（語言性或非語言性）符號與符號彼此的關係，藉以顯豁符號之間某種理性的組織，並因此而認定其涵意與指涉）、理解（體察在符號系統中所隱含的世界或其與人類存在處境的關係）和批判（指陳決定該符號系統之產生的個體的慾望和信念，以及集體的價值觀與社會的關係）等幾層意義（詳見沈清松，〈解釋、理解、批判——詮釋學方法的原理及其應用〉，收於臺大哲學系主編，《當代西方哲學與方法論》（臺北，東大，一九八八年三月），頁二一—四〇）。我們這裏只取其一般的涵意。

註四三 這是說說明歸說明，解釋歸解釋，評價歸評價，彼此所依據的標準並不一樣，不必構成邏輯上的關係。

註四四 有關「差別相」（或稱「殊相」）、「共相」的問題，參見牟宗三，《理則學》（臺北，正中，一九八六年十二月）

，頁四一七；註三所引布魯格書，〈普遍概念，共相〉條，頁五五九—五六〇。

註四五　在方法學上，「假設」是指一個原則的提出，作爲對某一事實或一群事實的條件說明；或者對某一現象的基礎，在證據未確定前，所作的「暫時假定」，以爲觀察或實驗的檢驗（參見沈國鈞，《人文學的知識基礎》（臺北，大林，一九七八年十月），頁一〇二—一〇三；殷海光，《思想與方法》（臺北，水牛，一九八九年十月），頁一四一—一四七）。我們所提出的摘句批評這種批評方式是不可或缺的，也是一個有待證明的假設。雖然如此，我們並不排除別人有不同或相反的假設。

註四六　參見周英雄，《結構主義與中國文學》（臺北，東大，一九八三年三月），頁二二二—二二三；註一四所引柯慶明書，頁二四—二六；朱光潛，《美學詩學與文學》（臺北，康橋，一九八七年一月），頁一一三—一一九。

註四七　這是說摘句批評的價值，不論由我們來判斷，或由別人來判斷，應該是一樣的。如果不一樣，不是價值出了問題，而是判斷者出了問題（選錯了判斷標準）。

註四八　這裏主要是指摘句批評這種批評方式，還沒有指摘句批評這件事。今人有反對摘句批評這件事頗力的，如姚一葦。他認爲尋章摘句的評論，不僅不能幫助我們對於整個藝術品的瞭解，反而形成了我們的欣賞的阻礙（見註一九所引姚一葦書，頁四一—四二）。不過，這是以西方文學批評的標準來衡量的結果。等到我們探討摘句批評的原理時，就可以明白他的說法是不能成立的。

第二章　過去研究成果的檢討

一、釋　題

在流行摘句批評的時代，針對摘句批評所發的評論，已經屢有所見（註一），如「鍾伯敬評詩，專求片詞隻字之工切而不知大體。」（註二）「余最恨言詩者拈人單詞隻句，然於長吉，不得不爾。」（註三）「一首一句，未必便能定人高下。人皆惑于虛聲之士，以名士自命，閱人一首一句，即侈然評論，並欲概其生平。于是隨聲附和，茫無定見矣。不知古人以詩名者，集中儘有平庸之處，亦有畢世吟哦，僅得一二名句者，何可以概論？」（註四）從這些評論中，我們不難察覺古人對摘句批評有所微詞，主要是爲顧全詩的大體（註五）和詩人的整體表現（註六），並沒有別的要求。這跟今人爲了迎合西方文學批評而來駁斥摘句批評，大有不同。由於我們所研究的是摘句批評這種批評方式，而古人對這種批評方式始終沒有什麼疑問，無從編列專章予以討論（註七），因此，這裏所能討論的只有今人的議論。而我們題爲「過去」，是以本文寫作的時間爲準，凡是先我們而發表的議論，都可以視爲「過去」。

還有今人的議論大都散見在相關的文章中，很少看到成「系統」的論著（而這點也正是今人最常據以質問古人的）（註八），略去它們不談，我們的判斷將會流於一偏（甚至根本無法下判斷），所以這裏仍然把它們當作一種研究成果來檢討；同時今人的議論多以全體實際批評爲對象（有時還兼及詩話以外的實際批評），不一定特別强調摘句批評這一部分，但是摘句批評原本函蓋在實際批評中，今人不說，我們也能明白，因此，當今人提到詩話中的批評如何如何時，自然可以看作兼含摘句批評而取來一併討論。

又因爲今人的議論有「正」「反」兩面，不得不稍作區別，所以我們在底下前兩節中分別題爲「觀照流於片面」和「詮釋不夠深入」，針對「正」面意見加以檢討；而在底下後兩節中分別題爲「評斷過度草率」和「態度有失公允」，專就「反」面意見加以討論。對於前者，我們多少有幾分肯定；對於後者，我們就只有否定。雖然如此，「正」「反」兩面意見仍有不易分辨的情況，屆時只有依便採擇，不再追究誰應屬「正」面意見，誰應屬「反」面意見。而綜合以上四點，可以看出今人對摘句批評的理解相當不足。

二、觀照流於片面

就摘句批評的現象來看，最明顯的是它的用語和形式（組織）。這兩者本來合爲一體，爲了論說方便，才把它們分開來談。這樣一來，我們就可以追問到底是用語決定形式？還是形式決定用語？也就是說，摘句批評者在從事摘句批評時，只是適時的運用某些語言，自然成就一個形式？還是先有一個形式，才選擇某些語言？如果是前者，摘句批評的形式應該「五花八門」，不限於少數幾個類型，因爲每個人都可能傾其語言能力，有意無意創造出繁複的形式，這就會夾有許多偶然的因素，而使我們的研究工作陷於停頓（無從探討摘句批評的因果關係）。如果是後者，我們就有辦法推測摘句批評所以是這樣的原因，進而肯定或否定它的存在價値。很顯然我們是假定後一種情況，因爲我們所看到的摘句批評，只有二三個固定的形式，不大可能會出於偶然。而今人談論摘句批評，就很少反省到這一點。

根據我們的考察，今人所以「不解」摘句批評，關鍵就在沒有釐清前面那兩個問題，而只在用語如何、形式如何上纏繞，所論自然流於偏狹。現在就來看他們是怎麼談的：

漢米頓（George H. Hamilton）是耶魯大學藝術史教授，爲一九六五年版《大美百科全書》特撰的短文中，指出印象主義的特色是主自然感悟而排知性思考，即感即興，當下而成。筆觸放曠而速疾，顏色鮮明。驟然觀之，技巧粗疏，予人畫來漫不經心、尚未完成之感。所用畫布亦較細小。細察我國歷代的詩話詞話，我們發現其批評手法與印象主義繪畫的風格，甚有異曲同工之妙。……詩話詞話的印象式批評，對印象的表達，可分爲兩個層次：一爲初步印象，一爲繼起印象。詩話的始作俑者歐陽修，在《六一詩話》中提到周朴詩的時候說：「其句有云『風暖鳥聲碎，日高花影重』，又云『曉來山鳥鬧，雨過杏花稀』，誠佳句也。」「誠佳句也」四字，就是六一居士的評語了。這裏所表達的，是批評家（其實說讀者更適切）看了作品得到的初步印象。他只知道作品「佳」，但佳在何處，卻不加析論。這樣挑出自己認爲好的詩句，或說「佳」，或稱「妙」，或曰「工」，或譽爲「警絕」，或許爲「合於古」，這種初步印象的表達，是歷代詩話詞話常用、慣用以至濫用的批評手法。……繼起印象比初步印象高了一層。初步印象是一片渾沌，批評家所見，是一片美好的森林。繼起印象則已在渾沌中露出端倪，批評家已看到這片森林的形勢，遠遠察見森林中各種樹木花草的一片色彩，《滄浪詩話》說李白「飄逸」、杜甫「沈鬱」，這些字眼便是繼起印象的評語了。……詩話詞話描述雄渾、婉麗、飄逸、沈鬱等印象時，常常把這些形容詞和氣象、意象、意境、情景等語連在一起。……與意象等術語同出一源而性質略有不同的，則爲神韻、氣韻、風致、風調、風力、風格、格調、氣格、情致等詞。這些術語更常常和雄渾、飄逸等形容詞攜手合作，以描述對作品讀後的整體印象。由於神、氣、韻、致、風、格等都是抽象名詞，聽起來難免使人有神祕不可捉摸的感覺。……詩話詞話表達繼起印象，除了剛才所說抽象語的陳說之外，還有另一方式，即形象語的運用。《滄浪詩話》的飄逸和沈鬱，屬於抽象語；同書中亦用以狀寫李白和杜甫的「金鳷擘海，香象渡河」，則屬於形象語。（註九）

這段話所談的兼及詞語的批評，而我們只要取詩話中的摘句批評來說就行了。論者所舉幾類評語，在摘句批評中的確有連用不迭的現象。這種現象，論者把它類比爲西方畫的印象主義，稱它爲印象式批評，這個說法合適不合適，我們將在下節中討論。現在我們要談的是這些用語到底是出於偶然？還是別有原因？如果是出於偶然，又要如何解釋它們在形式上所顯示的一致性？現在我們看到摘句批評的用語在形式上顯出相當的整齊畫一，可見它們不是出於偶然，而是別有原因。既然別有原因，像下面的言論就有問題了：

系統、理性、精密都是科學的特徵；而對科學的追求，是中國近代文化史上最大的追求。二十世紀以科學標榜的心理分析批評、新批評和神話基型論，都爲文學批評開闢了嶄新的境界。……這些批評的理論和手法，都是傳統詩話詞話所沒有的。爲了擴大視野，每一門新的批評理論都值得我們注意和斟酌採用。不過，一如拙文〈王國維《人間詞話》新論〉結束處所言「說不定有一天心理分析學再度把作品變爲研究作者生平的資料；基型論則把文學批評淪爲人類學、文化學的附庸；而新批評的精讀細析則流於機械化，讀者會不勝其繁碎，看到一首二十言的小詩，竟有二十頁的分析，而立刻避之則吉。那時，如果沒有新的批評方法出來取而代之，或增而益之，那末，印象式批評也許會東山復出。」……「印象式批評還有另一存在的價值，它那種以少言多，以簡馭繁的手法，是任何文字和言說所絕不能免的；即使最詳盡的文學史，不管是那一國的，也免不了概括性的描述；日常言談中，即使最重精分細析的『新批評』家，有意無意之間，也往往扮演了印象式批評家的角色（朋友閒談時問你看過某本小說或某部電影後，對它的評價如何，你能『不厭其煩』地給他講解一天一夜嗎？這時，概括的、生動有趣的比喩式評語，就大派用場了）。」輕視印象批評的人，以爲它是「較壞的批評」，可是，我們要借用嚴羽的話說：「天地間自欠此體不得。」至少，印象式批評可提供若干靈感。（註一〇）

論者把摘句批評這種批評方式，跟西方文學批評那種批評方式作比較，認爲它自成「一體」，仍有存在的價值；又認爲即使最重精細分析的「新批評」家，也不免要採用概括性的描述。前者雖然沒有把這種批評方式所以自成「一體」的原因說得很合理，大致上還算公允。後者卻出現了極大的漏洞，既然「新批評」家也會扮演印象式批評家的角色，爲什麼印象式批評家就不會扮演「新批評」家的角色？（註一一）今天摘句批評所以不同於西方文學批評，顯然跟使用不使用概括性的描述無關，而是跟背後促使它成立的一套「方案」有關。也就是說，先有摘句批評這種形式的存在，才有摘句批評這種用語的產生。同樣的，西方文學批評也是先有那種形式的存在，才有那種用語的產生。（註一二）這樣看來，今人雖然知道摘句批評這種批評方式在「天地間自欠此體不得」，但是對它的觀照，還僅止於片面。

三、詮釋不夠深入

今人大多把摘句批評解釋爲印象式批評。（註一三）所謂印象式批評，是指「靈魂在傑作中探險」，探險所得，表現爲批評語言。（註一四）它跟主觀的直覺的批評爲同義語。（註一五）這種解釋，基本上是無效的，原因就在他們是從用語來推測。從用語來推測，可以推測出直覺式的批評，也可以推測出分析性的批評（註一六），你又如何肯定摘句批評是直覺式的批評，而不是分析性的批評？（註一七）可見把摘句批評解釋爲印象式批評，純是一種臆測，還有待充足的證據給予支持。（註一八）

在一片肯定摘句批評爲印象式批評的聲音中，也有一些試圖突破窠臼的言論，如：

> 詩話詞話有好有壞，主觀印象的固然很多，但也有不少詩話詞話，並非純留在第一層的主觀印象，而是經過客觀分析、比較、衡鑑而後得出的結論，只不過古人沒有把客觀分析的過程寫出來罷了。沒有寫出來，並不是沒有，更非不能，而是不爲。……基於此，傳統的詩話詞話等文學批評，除了那些敘述佚聞瑣事，及直感直覺的主觀印象外，有很多是經過客觀分析、比較、衡鑑之後，而得出來最精彩的結論。他們著眼在最後的結評是否精當，而不在乎將過程寫出來；如果要仔細地將其分析過程寫出來，在當時也許反而吃力不討好。（註一九）

這是不滿論者以偏概全，只知道摘句批評出於直覺的主觀印象，而不知道它也有經過客觀分析、比較、衡鑑而後得出的結論，只是古人沒有把客觀分析的過程寫出來罷了。然而，這種解釋也是無效的，因爲古人有沒有經過客觀分析、比較、衡鑑，你又怎麼知道？換句話說，分析性的批評，也跟直覺式的批評一樣，無法從用語本身來判斷，必須透過批評者的心理歷程去推測，而批評者的心理歷程百般複雜（註二〇），沒有足夠的證據，怎能確定它就是分析性的批評？

上面兩種解釋，都是想透過摘句批評者的心理歷程來理解摘句批評所以如此的原因，但都免不了臆測的成分，所以一時還無法取信於人。另外，有人把注視的焦點從批評用語轉移到讀者身上，試著來解釋摘句批評所以「意簡言約」的緣故，如：

> 詩話、詞話是中國詩詞批評的主流，因此傳統的詩詞批評可以說是以印象爲主。……如果我們拿宋朝以後的詩話詞話爲中國文學批評的主流，那麼中國文學批評的特質大致不離「意簡言約」四個字了。既然詩話帶有說話的性質，自然暗示有這麼個聽話的人，而兩者之間的經驗與學養都有相當的共同之處，也就是說寫的人與看的人對批評的對象、批評的態度與批評的術語都有共同的認識，因此雙方可以說同屬於一個小圈子，可以做到幾乎不言而喻的地步。（註二一）

然而，這種解釋仍舊是無效的，原因有二：第一，許多證據顯示摘句批評者是爲了「以示勸戒」、「以獎勵風會」、「以示學者棄取之方」（註二二），才來從事摘句批評，而不是藉它（摘句批評）跟自己的經驗、學養相當的人「閒談」（註二三）；第二，中國文學批評中，有那一種批評不是用這種批評方式？（註二四）既然都是用這種批評方式，單獨把摘句批評的用語解釋爲屬於一個小圈子人的「禁臠」，就不足爲訓了。至於有人說「中國人的批評文章是寫給利根人讀的，一點即悟，毋庸辭費。西洋人的批評文章是寫給鈍根人讀的，所以一定要把道理說個明白。」（註二五）更不知所云，這裏也無從討論起了。

透過以上的分析，我們不難看出今人的解釋所以成效不彰，有一個根本的因素，就是他們只在批評用語的形成過程打轉，很少注意到批評本質和批評用語之間的關係，而後者才是摘句批評所以是這樣的關鍵。換句話說，摘句批評者所以要用這種方式來批評，不是緣於摘句批評者個人的選擇，而是緣於批評本質的制約，這才會使批評用語在形式上呈現出一致性。如果今人肯多方反省，而繼續探索下去，也許就能逼近問題的核心。(註二六) 然而，到目前爲止，我們還沒有發現這樣的議論，可見整個詮釋工作還有待加强。

四、評斷過度草率

前面兩節，分別提到今人對於摘句批評的觀照和詮釋，雖然這些觀照止於片面，而詮釋也不夠深入，但是他們對摘句批評仍有幾分同情的體會，不致參雜太多曲解的成分。接著我們要談的是有一部分人根據摘句批評的現象所作的一些評斷，這些評斷本身也蘊涵了許多問題。首先，看他們對批評用語的評斷：

中國文學批評用語所發生的問題，約略地說，有以下數端：㈠對於所用的主要辭語，不作具體的解釋或給予清楚的定義式的規定。……㈡即使是同一作者，在同一作品中，用同一辭語，在不同的地方，卻含有不同的意義。而作者對這些用語，並不加以辨析，以致讀者難以把握其含義。……㈢中國文學批評的用語，多依據常用的學術辭語。這類辭語，前人用時，已不加闡釋，而致意義含糊，批評者再加運用，並且增以己意，就更令意義益爲模糊了。……㈣批評的用語，有時由於運用者追求文字美，行文時講究對偶，致使它與另一辭語列舉，產生意義上的變化，致令語義含糊……。（註二七）

這段話主要在批評中國文學批評用語「意義模糊」，造成傳達的困難。而我們所談的摘句批評，當然也函蓋在他的評論之中。對於這樣的批評，我們不免要問：你判斷那些批評用語的意義含糊不清，所依據的標準是什麼？如果沒有一個足以令人信賴的標準，只是因爲自己的理解不足，就斷然否定這些評語的效力，豈不是犯了「觀察不當的謬誤」或「訴諸未知的謬誤」？（註二八）顯然論者無法回應我們的質問，因爲他最多只能說那些評語有多義或歧義的現象，而多義或歧義幾乎是各種語言所「共有」（註二九），怎能據以爲「責難」那些評語？再說古人除了反省過某些評語用得太濫（註三〇），並沒有表示他們「不懂」那些評語的意義（註三一），今人憑什麼說它們不可理解？還有古人沒有對他所用評語作具體的解釋或給予清楚的定義（註三二），也許是那些評語爲大家所熟知，不致有「會意」上的困難，因此自作解釋或定義就變成多餘的事了。而論者根據這一點來質疑古人，豈不是「以今律古」，「強人所難」？（註三三）由此看來，今人判定古人的批評用語「意義模糊」，就顯得太過草率，不足採信了。

其次，看他們對批評形式的評斷：

或許是由於中國傳統的美感視境一開始就是超脫分析性、演繹性的緣故；或許是因爲中國是一個抒情詩傳統的而非史詩或敘事詩的傳統的緣故，我們最早的美學提供者主張「知者不言，言者不知」，主張未封前的境界，而要求「不著一字，盡得風流」，認爲詩「不涉理路」，而不同於亞理士多德以還的西洋文學批評那樣認爲文學有一個有跡可循的邏輯的結構，而開出了非常之詭辯的以因果律爲據，以「陳述—證明」爲幹的批評……如果我們以西方的批評爲準則，則我們的傳統批評泰半未成格，但反過來看，我們的批評家才眞正了解一首詩的「機心」，不要以好勝的人爲來破壞詩給我們的美感經驗，他們怕「封始則道亡」，所以中國的傳統批評中幾乎沒有娓娓萬言的實用批評，我們的批評只提供一些美學上的態度與觀點，而在文學鑑賞時，只求「點到即止」。……「點到即止」的批評常見於「詩話」，「詩話」中的批評是片斷式的，在組織上就是非亞理士多德型的，其中既無「始、敘、證、辯、結」，更無累積詳舉的方法，它只求「畫龍點睛」的批評……這種「言簡而意繁」的方法，一反西洋批評中「言繁而意簡」的傾向，是近似詩的表達形態，因爲它在讀者意識裏激起詩的活動或詩的再造……但這種批評不是沒有缺點的，第一，我們要問：是不是每一個讀者都有詩的慧根可以一擊而悟？第一，假如批評家本身就很具詩人的才能，他就無法喚詩起的活動，如此他的批評就容易流於隨意的印象批評，動輒說此詩「氣韻高超」，他既沒有說明氣韻如何的高超，而又沒有「重造」高

超的境界。（註三四）

這段話的「論點」頻頻在轉移，讓人猜不透它是在贊同傳統文學批評，還是在反對傳統文學批評。但有一點是可以確定的，就是它以「優點」和「缺點」的架構來論說，本身就相互鑿枘，有違邏輯上「矛盾律」的法則。（註三五）面對這一自我矛盾的論說，本來也不須理會，但是論者對傳統文學批評形式的評斷，顯得過度輕率，不得不略作分辨，才把它提出來討論。當然，我們仍得把範圍縮小到摘句批評上。依照論者的說法，這種批評方式所以沒有系統（組織），主要是批評家有意不去破壞詩給人的美感經驗，只求「點到即止」的結果。這是「想當然耳」，全不合實際的情況，因爲從孔子對《詩》三百篇所作的評論以來，有那一個批評家不是像孔子一樣竭盡所能的在抉發詩的「機心」？（註三六）既然古來的批評家都是盡力在抉發詩的「機心」，論者還有以上的議論，不就是「瞽目而爲說」？今天我們只看到古人片段式的批評，而看不到成系統的批評，那是自然的現象，沒有什麼好詑異。論者一定要把它解釋成古人爲了不破壞詩給人的美感經驗（不抉發詩的「機心」），才出此「下策」，這就變成一種曲意的迴護，徒使世人更加排斥這種批評方式而已。在我們看來，凡是斷定摘句批評沒有系統組織的人，也都跟上面的例子一樣，無法提出可以讓人信賴的證據，最後只有「迫使」自己的理論一一的瓦解，不再具有學術上的價值。

五、態度有失公允

因爲今人對文學批評的認知，多停留在主觀的、片段的印象式批評和客觀的、系統的分析性批評兩極間，以至有關的論說，都失去了緩衝的餘地。也就是說，論者不是主張主觀的、片段的印象式批評，就是主張客觀的、系統的分析性批評，此外不可能同時主張主觀的、片段的印象式批評，又主張客觀的、系統的分析性批評，不然就會自我矛盾。但是文學批評的「形態」豈能作這樣簡單的畫分？我們看是不能，因爲作爲這樣畫分的根據在於批評家的心理歷程，批評家的心理歷程複雜萬端，你怎麼肯定他是印象式批評，或是分析性批評？（註三七）我們想今人所以摸不清摘句批評的底蘊，恐怕跟這種「過分簡化問題」的處理方式也有關係。

不過，話說回來，今人不瞭解摘句批評的眞相，也不是一件大不了的事，因爲人的理解能力總是有限，不可能樣樣精通。但是當這種「無知」的因素還沒有消除，有人動輒說些「印象式的批評毫無價值」、「中國的文學批評不發達」的話，這就很嚴重了。爲什麼？在回答這個問題前，我們不妨先看看他們是怎麼說的：

印象主義實在只能代表一個批評過程的最初階段，讀第一遍的直覺直感，隨之而起的應是考驗直覺直感的可靠與否，這才開始了眞正的批評活動。所以，印象主義是胎死腹中的文學批評。一個普通讀者，就是一位印象主義的「批評家」，他只有直感直覺，而且留於直感直覺；一個批評家也起於直感直覺，但是他更進一步，通過理性的分析去求證，差別就在這裏。（註三八）

在我們回顧傳統批評的特色時，我們雖然覺得中國批評的方式比西洋的辯證的批評著實得多，

> 但我們不能忽略其缺點，即是我上面所提到的：「點、悟」式的批評有賴於「機遇」，一如禪宗裏的公案的禪機……但最大的問題是，有「獨具隻眼」的「禪機」的批評家到底不多，於是我們就有了很多「半桶水」的「點、悟」式批評家……於是我們所得到的不是「喚起詩的活動」的「意境重造」的批評，而是任意的，不負責任的印象批評。（註三九）

> 宋朝以後，出現了大批的詩話、詩說，可是一加翻尋之下，往往失望多於收穫。如果以文學批評的起碼標準衡量，它們十九是不合格的。……而健全的文學評論是一定要講究系統組織的，尤其邏輯的素養必不可缺。因此中國的文學評論一直發育不良。（註四〇）

這幾段話所說的都含有摘句批評，我們就直接以摘句批評來代表文學批評。第一段的意思是說摘句批評不是眞正的批評活動，它只是沒有價值的印象式批評（註四一）；第二段的意思是說摘句批評有的是任意的，不負責任的印象式批評（不是在「喚起詩的活動」）；第三段的意思是說摘句批評不講究系統組織，是不合格的批評。這些我們分兩點來談：第一，有關印象式批評的問題，我們在前面已經分辨過了，這裏不再重述。現在想討論的是摘句批評是否如論者所說是沒有價值的、是不負責任的批評（註四二）？就整體情況來看，有些摘句批評的用語固然很簡略，但是我們不要忘了古人曾經說過：「凡言不盡意者，不可煩文其說，且歎之以示情，使後生思其餘蘊，得意而忘言也。」（註四三）「詩有可解，不可解，若水月鏡花，勿泥其迹可也。」（註四四）「論詩與論史不同。論史貴直捷痛快，抉剔無餘；論詩貴含蓄不盡，往往言外見意。」（註四五）顯然古人正有以「簡略爲尙」的，今人豈能任意否定它的價值，連帶怪罪到批評家不負責任？

第二，摘句批評雖然沒有系統組織，無法跟西方文學批評相提並論，但也不至於要「降尊紆貴」，變成西方文學批評的「附庸」。（註四六）何況系統組織根本不能作爲評價的依據（註四七），應該別有更可靠的標準才對，現在還沒有找到這個標準，又怎能說摘句批評是不合格的批評？

從以上的分析，不難看出今人在論說的態度上已經有了偏差。（註四八）本來這種偏差是可以避免的，因爲古人曾經指出有些批評家犯有「貴古賤今」、「崇己抑人」、「信僞迷眞」等不當的態度（註四九），今人理當引以爲戒，誰知道他們還是不能「無私於輕重」、「不偏於憎愛」，仍然要奉西方文學批評爲「神明」，而把自家過去的文學批評貶得一文不值，這不能不說是一件遺憾的事。在往後的論說中，我們會切記這次的教訓，儘量不再重蹈覆轍，才能還給學術一個「公道」。

【註釋】

註一　爲了方便論說，這裏只舉一些反面的意見。至於正面的意見，在後面各章中會陸續引證。

註二　見黃子雲，《野鴻詩的》，《清詩話》本（臺北，藝文，一九七七年五月），頁一〇九四。

註三　見周容，《春酒堂詩話》，《清詩話續編》本（臺北，木鐸，一九八三年十二月），頁一一一。

註四　見吳雷發，《說詩菅蒯》，《清詩話》本，頁一一四九。

註五　詩的大體，指的是人的志意（情志）。古人評詩，相當看重這一點，以致對某些專在字句工拙方面打轉的言論，不免要加以譏斥。葉燮《原詩》說：「《虞書》稱：『詩言志。』志也者，訓詁為心之所之，在釋氏所謂『種子』也。志之發端，雅有高卑大小遠近之不同。然有是志，而以我所云才識膽力四語充之，則其仰觀俯察，遇物觸景之會，勃然而興，旁見側出，才氣心思，溢于筆墨之外。志高則其言潔，志大則其辭弘，志遠則其旨永，如是者其詩必傳，正不必斤斤爭工拙一字一句之間。乃俗儒欲炫其長，以鳴于世，于片語隻字，輒攻瑕索疵，指為何出，稍不勝，則又援前人以證。不知讀古人書，欲著作以垂後世，貴得古人大意，片語隻字稍不合，無害也。……故不觀其高者大者遠者，動摘字句，刻畫評駁，將使從事風雅者，惟謹守老生常談，為不刊之律，但求免于過，斯足矣，使人展卷，有何意味乎？」（《清詩話》本，頁七三七—七三九）龐塏《詩義固說》說：「古今人之論詩者多矣，大要稱說於篇中之詞，而未深求於言中之志，所謂從流下而忘反者也。試觀《三百篇》以暨漢、魏，其所為詩，內達其性情之欲言，而外循乎淺深條理之節，字字有法，言言皆道，所以諷詠而不厭也。余每與同人論詩，耑主此說，以為如是則為詩，不如是即非詩，故曰《固說》。說雖固哉，而畔道離經，從知免矣。」（《清詩話續編》本，頁七二七）

註六　這有兩種情況：一種是顧慮詩人在整首詩中的表現，一種是顧慮詩人在全體詩中的表現。前者為了避免「遺大取小」（這跟今人反對摘句批評的情況略有不同），後者為了避免「以偏概全」。雖然如此，古人自己還是不能免除摘句批評，正如周容所說「詩不審章而論句，遂趨中晚。然少陵章法，又須求其不可測處，否則如『丞相祠堂』與『諸葛大名』諸篇，為宋人師承，涉於議論，失詩本色」（同註三），可見摘句批評仍舊不可缺少。

註七　至於還有類似上面所舉有關摘句批評得失成敗的例子，我們會在後面隨機加以檢討。

註八　所謂「系統」，是指把由比較多的構成要素，按一定的原理組合起來的一個整體（參見增成隆士，〈美學應該追求體系嗎？〉，收於《美學的思索》（未著譯者姓名，臺北，谷風，一九八七年六月），頁二四八；布魯格（W. Brugger），《西洋哲學辭典》（項退結譯，臺北，華香園，一九八九年一月），〈系統〉條，頁五二七—五二八）。今人探討摘句批評，能作到這個地步的，可說少之又少。

註 九 見黃維樑，《中國詩學縱橫論》（臺北，洪範，一九七七年十二月），頁三—九。類似的意見，見黃維樑，《中國文學縱橫論》（臺北，東大，一九八八年八月），頁二四三—二四八；黃永武，《中國詩學（鑑賞篇）》（臺北，巨流，一九七六年十月），頁九—一〇；顏元叔，《何謂文學》（臺北，學生，一九七六年十二月），頁八四—八五。

註一〇 同上所引黃維樑書（《中國詩學縱橫論》），頁二四—二六。

註一一 黃維樑在文中所提到詩話詞話也有類似新批評的系統的陳述（同上，頁一五—二三），其實那些跟新批評很難扯得上關係。中國文學批評中，即使細如詩文評點（參見羅根澤，《兩宋文學批評史》（臺北，學海，一九七八年九月），頁二九三—二九八；吳宏一，《清代詩學初探》（臺北，學生，一九八六年一月），頁一四七—一六五），也跟新批評南轅北轍（參見龔鵬程，《文學批評的視野》（臺北，大安，一九九〇年一月），頁三八七—四三八）。

註一二 至於用語不免參雜摘句批評那種用語，那是多數言論共有的現象，不能作爲評斷的依據。

註一三 除了註九所引黃維樑說，又見張健，《中國文學批評》（臺北，五南，一九八四年九月），頁一九；周英雄，《結構主義與中國文學》（臺北，東大，一九八三年三月），頁二一六；葉嘉瑩，《迦陵談詩二集》（臺北，東大，一九八五年二月），頁三九—四〇。

註一四 參見史賓岡（J. E. Spingarn），〈新批評〉（吳魯芹譯，《文學雜誌》第二卷第三期，一九五七年五月二十日），頁四—八；福勒（Roger Fowler）主編，《現代西方文學批評術語》（袁德成譯，四川，人民，一九八七年五月），〈批評〉條，頁六一—六二；趙滋蕃，《文學與美學》（臺北，道聲，一九七九年八月），頁四七—五二。

註一五　有關直覺的批評，參見克羅齊（Penedetto Croce），《美學原理》（正中書局編審委員會重譯，臺北，正中，一九八七年十一月），頁一—一二；朱光潛，《文藝心理學》（臺北，開明，一九八八年八月），頁三—一四。

註一六　有關分析性的批評，參見姚一葦，《欣賞與批評》（臺北，聯經，一九八九年七月），頁五一—六九；高友工，〈文學研究的理論基礎〉，收於李正治主編，《政府遷臺以來文學研究理論及方法之探索》（臺北，學生，一九八八年十一月），頁一一五—一三五。

註一七　把文學批評二分為直覺式和分析性的批評，並沒有太大意義，因為文學批評本是心智的綜合表現，很難分誰是直覺式的批評，誰是分析性的批評（參見龔鵬程，《文學散步》（臺北，漢光，一九八五年十二月），頁一八九；王世德主編，《美學辭典》（臺北，木鐸，一九八七年十二月），〈審美直覺〉條，頁六八）。

註一八　至於論者又把印象式批評者對印象的表達，分為初步印象和繼起印象（見前），更是沒有根據。

註一九　見沈謙，《期待批評時代的來臨》（臺北，時報，一九七九年五月），頁八四—八六。

註二〇　文學批評的心理過程，跟文學創作的心理過程同樣複雜（參見錢谷融、魯樞元主編，《文學心理學》（臺北，新學識，一九九〇年九月），頁一四九—一九〇），不是三言兩語就能解釋清楚。今人的言論，都有過分簡化的弊病。

註二一　見註一三所引周英雄書，頁二一六—二二〇。類似的意見，見鄭樹森，《文學理論與比較文學》（臺北，時報，一九八二年十一月），頁一三—一四；夏志清，《人的文學》（臺北，純文學，一九七九年三月），頁二〇一；何冠驥，

《借鏡與類比》（臺北，東大，一九八九年五月），頁一六四。

註二二　葛立方《韻語陽秋》說：「凡詩人句義當否，若論人物行事，高下是非，輒私斷臆處而歸之正；若背理傷道者，皆爲說以示勸戒。」（《歷代詩話》本（臺北，藝文，一九八三年六月），〈序〉，頁二九〇）方觀〈石園詩話序〉說：「（余成教）年來從詩歌古文積累之餘，錄爲《石園詩話》，上自三唐，下至于茲，或爲章爲句，必取其有關于性情學行之大者而錄之。蓋不徒爲詩家談吐，而發微顯幽，所以獎勵風會者有在，覽者其毋以附會雷同之舊置之也。」（余成教，《石園詩話》，《清詩話續編》本，頁一七三五—一七三六）王壽昌《小清華園詩談》說：「編中於古人間有所議，然亦不過略指其小疵，暨就所引之一章一句而論之，以示學者棄取之方，非論其人之生平與其全集也。」（《清詩話續編》本，〈凡例〉，頁一八五四）

註二三　參見林綠，《文學評論集》（臺北，國家，一九七七年八月），頁一一七—一一八；簡錦松，〈胡應麟詩藪的辨體論〉，收於《古典文學》第一集（臺北，學生，一九七九年十二月），頁三三〇；龔鵬程，《江西詩社宗派研究》（臺北，文史哲，一九八三年十月），頁三六。

註二四　何冠驥《借鏡與類比》說：「詩話、詞話的作者，往往預先定下構成好詩妙詞的元素，然後以這些元素作爲衡量作品優劣的尺度。例如：嚴羽以禪喻詩，認爲詩最好要有禪的境界，言有盡而意無窮；又詩中的妙處要如『羚羊挂角，無跡可尋』。其他批評家雖用『氣象』、『性靈』、『肌理』、『境界』等不同尺度，但在批評方法上，與嚴羽並無二致。及至金人瑞論《水滸傳》和《西廂記》，雖說是打破中國文學批評的傳統，以嚴肅的態度，批評傳統文人輕視的小說戲曲，但他採取的批評方法，與前述索隱式的詮釋方法，或詩話式的文學批評亦可謂一脈相承。如他敘述施耐庵作書的原因，完全出於主觀的臆測；討論《水滸傳》的寫法，也大量運用詩話詞話式的批評術語。」（頁五）何冠驥雖然沒有觸及這種批評方式的根本原因，但是他所說即使「嚴肅」如小說評點，也跟這種批評方式一脈相承，確有見地。

註二五　見夏濟安，〈兩首壞詩〉（《文學雜誌》第三卷第三期，一九五七年十一月二十日），頁一八。另外，葉嘉瑩也有相同的意見，見葉嘉瑩，《迦陵談詩》（臺北，三民，一九八八年十一月），頁三一六—三一七。

註二六　其實，這個問題已經有學者檢討過（見龔鵬程，《詩史本色與妙悟》（臺北，學生，一九八六年四月），頁二二九），只是還沒有人深入去探討。

註二七　見楊松年，《中國古典文學批評論集》（香港，三聯，一九八七年七月），頁三—一〇。類似的意見，見王夢鷗，《文學概論》（臺北，藝文，一九七六年五月），頁二一五；劉若愚，《中國詩學》（杜國清譯，臺北，幼獅，一九八五年六月），頁一〇五；姚一葦，《藝術的奧祕》（臺北，開明，一九八五年十月），頁三五一—三五二。先前朱東潤已有這樣的意見，見朱東潤，《中國文學批評史大綱》（臺北，開明，一九六八年三月），頁三。

註二八　有關「觀察不當的謬誤」，見陳祖耀，《理則學》（臺北，三民，一九八七年九月），頁二五七—二五八。有關「訴諸未知的謬誤」，見何秀煌，《記號學導論》（臺北，水牛，一九八八年九月），頁九四—九五。

註二九　語言意義的不確定性（多義或歧義），在當今已經是一種共識（參見早川，《語言與人生》（柳之元譯，臺北，文史哲，一九八七年二月），頁四二—五四；黃宣範，《翻譯與語意之間》（臺北，聯經，一九八五年十一月），頁六一—六五；李茂政，《大眾傳播新論》（臺北，三民，一九八六年九月），頁六九—八五；俞建章、葉舒憲，《符號：

語言與藝術》（臺北，久大，一九九〇年五月），頁二二一—二七六）。即使最「精細」的科學語言，也無法避免多義或歧義。這主要是語言在傳達上只具有「相互主觀性」，而不具有「絕對客觀性」的緣故（參見何秀煌，《記號學導論》，頁二〇—二三；何秀煌，《思想方法導論》（臺北，三民，一九八七年十一月），頁八六—九〇）。

註三〇　葛立方《韻語陽秋》說：「詩人贊美同志詩篇之善，多比珠璣、碧玉、錦繡、花草之類，至杜子美則豈肯作此陳腐語邪？〈寄岑參〉詩云：『意愜關飛動，篇終接混茫。』〈夜聽許十一誦詩〉云：『精微穿溟涬，飛動摧霹靂。』〈贈盧琚〉詩曰：『藻翰惟牽率，湖山合動搖。』〈贈鄭諫議〉詩云：『毫髮無遺憾，波瀾獨老成。』〈寄李白〉詩云：『筆落驚風雨，詩成泣鬼神。』〈贈高適〉詩云：『美名人不及，佳句法如何。』皆驚人語也。視餘子其神芝之與腐菌哉！」（《歷代詩話》本，頁三〇六）葛立方認爲比喻珠璣、碧玉、錦繡、花草之類的評語用多了，變成老套，不足以形容對方的精彩處。古人的反省，大略只到這個地步。另外，有一種情況看來好像跟今人的意見闇合，其實並不相同。陳僅《竹林問答》說：「問：『宋人《風騷句法》有「萬象入壺」、「重輪倒影」、「一氣飛灰」、「二劍凌空」、「百川歸海」、「雙龍輔日」等名，其義安在？』『此惡套也，亦絕不識其取義之所在，論詩至此，直墜入千重魔障矣。近日評文家亦有倣此者，所謂寶蜣丸爲蘇合也。』」（《清詩話續編》本，頁二二五一）所謂「萬象入壺」、「重輪倒影」等名目，是在說明某些特殊的「句法」，屬於理論批評的範圍，而陳僅斥責它「絕不識其取義之所在」，情有可原。但是就實際批評的用語來說，我們還沒有發現類似的言論。

註三一　許顗《彥周詩話》說：「宋顏延之問己與靈運優劣于鮑照，照曰：『謝五言如初發芙蓉，自然可愛；君詩鋪錦列繡，亦雕繢滿眼。』此明遠對面褒貶，而人不覺，善論詩也，特出之。」（《歷代詩話》本，頁二三〇）葉夢得《石林詩話》說「古今論詩者多矣，吾獨愛湯惠休稱謝靈運為『初日芙蕖』、沈約稱王筠為『彈丸脫手』兩語，最當人意。『初日芙蕖』，非人力所能為，而精彩華妙之意，自然見於造化之妙，靈運諸詩，可以當此者亦無幾。『彈丸脫手』，雖是輸寫便利，動無留礙，然其精圓快速，發之在手，筠亦未能盡也。然作詩審到此地，豈復更有餘事。」（同上，頁二六一）田雯《古歡堂雜著》說：「昔人評詩云：『魏武帝如幽燕老將，氣韻沈雄。曹子建如三河少年，風流自賞。鮑明遠如饑鷹獨出，奇矯無前。謝康樂如東海揚帆，風日流麗。陶彭澤如絳雲在霄，舒卷自如。』又元虞集曰：『楊仲弘如百戰健兒，范德機如唐臨晉帖，揭曼碩如三日新婦。』自比『滿庭老吏』。曼碩謂『德機如秋空行雲，晴雷卷雨，縱橫變化，出入無朕；又如空山道者，辟穀學仙，瘦骨崚嶒，神氣自若；又如豪鷹掠野，獨鶴叫群，四顧無人，一碧萬里。』……皆得比喻之妙。」（《清詩話續編》本，頁六九三）像許顗、葉夢得、田雯等人這般盛贊那些評語用得恰當，我們有什麼理由懷疑他們「不懂」那些評語的意義？

註三二　事實上，古人也不是全無解釋或界定所用的評語，如蔡夢弼《草堂詩話》說：「文章無警策，則不足以傳世，蓋不能竦動世人。……子美詩云：『語不驚人死不休。』所謂驚人語，即警策也。」（《續歷代詩話》本（臺北，藝文，一九八三年六月），頁二三〇）葉夢得《石林詩話》說：「禪宗論雲間有三種語：其一為隨波逐浪句，謂隨物應機，不主故常；其二為截斷眾流句，謂超出言外，非情識所到；其三為函蓋乾坤句，謂泯然皆契，無間可伺。……老杜詩亦有此三種語……『波漂菰米沈雲黑，露冷蓮房墜粉紅』，為函蓋乾坤句；以『落花游絲白日靜，鳴鳩乳燕青春深』，為隨波逐浪句；以『百年地僻柴門迥，五月江深草閣寒』，為截斷眾流句。」（《歷代詩話》本，頁二四〇—二四一）潘德輿《養一齋詩話》說：「吾所謂性情者，於《三百篇》取一言，曰『柔惠且直』而已。此不畏彊禦，不侮鰥寡之本原也。老杜云『公若登臺輔，臨危莫愛身』，直也；『窮年憂黎元，歎息腸內熱』，柔惠也。樂天云『況多剛狷性，難與世同塵』，直也；『不辭爲俗吏，且欲活疲民』，柔惠也。兩公此類詩句，開卷即是，得古詩人之性情矣。」（《清詩話續編》本，頁二二五五）這些都有自釋評語，只是同樣的例子不多就是了。

註三三　這是說今人看慣了白語的「清晰明白」，不覺以「清晰明白」來要求文言（文言、白話並非兩個系統的語言，它們的差別只在一個是「古語」，一個是「今語」。參見張漢良，《比較文學理論與實踐》（臺北，東大，一九八六年二月），頁一二二；龔鵬程，《傳統·現代·未來》（臺北，金楓，一九八九年四月），頁三一—三三）。殊不知古人看文言，也正如今人看白話一樣，並沒有什麼妨礙。因此，只爲了自己對那些評語「陌生」，就懷疑古人的「表達能力」，這是不公平的（先前朱自清、郭紹虞在研究某些批評用語時，還沒有這樣的「懷疑心態」。見朱自清，〈詩言志辨〉，收於《朱自清古典文學論文集》（臺北，源流，一九八二年五月），頁一八七—三五四；郭紹虞，〈神韻與格調〉、〈性靈說〉，收於《照隅室古典文學論集》（臺北，丹青，一九八五年十月），頁一七二—二五〇、二七九—三二六。而今人所以有這種「懷疑心態」，是否跟今人久已不用文言表達有關，我們實在不得而知）。

註三四　見葉維廉主編，《中國現代文學批評選集》（臺北，聯經，一九七九年七月），〈序〉，頁一—五。類似的意見，見王夢鷗，《文藝美學》（臺北，遠行，一九七六年五月），頁一二五—一二六；張夢機，《鷗波詩話》（臺北，漢光，一九八四年五月），頁六一；註二七所引楊松年書，頁五八—五九。

註三五　這是說論者既然認爲傳統的文學批評有「優點」，就表示贊同傳統的文學批評，不當再認爲它有「缺點」（反對傳統的文學批評），不然就是自我矛盾。參見註八所引布魯格書，〈矛盾律，矛盾原理，矛盾原則〉條，頁一三四—一三五。

註三六　《論語》說：「子曰：『《詩》三百，一言以蔽之，曰：思無邪。』」（《十三經注疏》本（臺北，藝文，一九八二年八月），〈爲政篇〉，頁一六）又說：「子曰：『〈關雎〉樂而不淫，哀而不傷。』」（同上，〈八佾篇〉，頁三〇）又說：「子曰：『小子！何莫學夫《詩》？《詩》可以興，可以觀，可以群，可以怨，邇之事父，遠之事君，多識於鳥獸草木之名。』」（同上，〈陽貨篇〉，頁一五六）像上面這幾段話，直把《詩》三百篇的旨意「闡發」無遺，我們能說孔子不是在抉發詩的「機心」？至於後世的批評家，不但在抉發詩的「機心」上續有發揮，甚至「專攻」一句一字，頗有要把詩的「神理逸韻」一舉攝在目前的態勢，那裏像葉維廉所說的那樣？

註三七　不論稱某種批評爲印象式批評，或分析性批評，都免不了觸犯「循環論證」的謬誤。「循環論證」本來也不是全然爲假（當它的前提是一個普遍判斷時，它的結論自然眞實可靠），問題是它的前提（印象式批評或分析性批評）不是一個普遍判斷，就無法推知結論（某種批評的現象）的眞實。有關「循環論證」的問題，參見柴熙，《認識論》（臺北，商務，一九八三年八月），頁一九八—二一〇。

註三八　見顏元叔，〈印象主義的復辟？〉（中國時報副刊，一九七六年三月一、二日）。

註三九　見註三四所引葉維廉主編書，〈序〉，頁九。

註四〇　見張健，《中國文學散論》（臺北，商務，一九八二年九月），頁三二—三三。

註四一　顏元叔還特地爲這點編了一個「小鬧劇」，劇情如下：「佛朗士在書齋裏，隨手拔下架上一本皮面燙金的書，隨意翻開任何一頁，讓他的靈魂滑入字裏行間，優游潛浮於辭藻的漣漪，同時左手持著脣間的煙斗，右手在拍紙簿上信筆書寫『好呀！妙呀！硬是要得』等印象。」（同註三八）顏元叔並以此比況中國傳統詩話詞話的批評。這也可以看出他對這種批評方式的「鄙薄」。

註四二　就印象式批評一點來說，葉維廉、顏元叔二人的議論略有出入。前者認爲摘句批評有部分屬於印象式批評，後者認爲摘句批評全屬於印象式批評。關於他們二人的「歧見」，我們無意去探討，只在這裏稍作提示。至於葉維廉所保留的那一部分（依照葉維廉的意思，那一部分應該是負責的批評），我們也暫時略過，只就後面這一部分來談，因爲從來沒有人說摘句批評是不負責任的批評，現在他提出來了，「值得」我們去檢討。

註四三　見孔穎達，《周易正義》，《十三經注疏》本，〈豫卦〉彖辭疏，頁四九。

註四四　見謝榛，《四溟詩話》，《續歷代詩話》本，頁一三四三。

註四五　見葉矯然，《龍性堂詩話初集》，《清詩話續編》本，頁九五二—九五三引曹能始語。

註四六　中國的文學批評，浩瀚如海，今人對它的認識還不夠眞切，動不動就說中國的文學批評不發達，這不是跟「外國的月亮比較圓」的說法一樣的荒謬？

註四七　系統組織，只涉及論說的方式，無關論說的本質。論說的方式，全依對象及目的而定，對象和目的不同，論說的方式自然也不同，這樣就無從找到彼此的共同點來評定優劣。只有在論說的本質上發生了問題，才會一顯高下。

註四八　也就是說，今人在說摘句批評毫無價值、不負責任、不合格時，完全無視於古人使用這種批評方式已有一二千年的歷史，如果它眞是毫無價值、不負責任、不合格的批評，古人爲什麼不揚棄它？再說以西方文學批評那種批評方式來衡量摘句批評這種批評方式，基本上已先預設了西方文學批評那種批評方式是好的批評方式，這樣還用比較嗎？

註四九　見劉勰，《文心雕龍》（黃叔琳注本，臺北，商務，一九七七年二月），〈知音篇〉，頁六八。另外，參見王充，《論衡》，《新編諸子集成》本（臺北，世界，一九七八年七月），〈案書篇〉，頁二七九；曹丕，《典論》〈論文〉，收於《六臣注文選》（臺北，華正，一九七九年五月），頁九六五；葛洪，《抱朴子》，《新編諸子集成》本，〈辭義篇〉，頁一八二。今人的作法，在劉勰所指實的三項中，似乎找不出可以跟它相應的，眞要給它一個「名稱」，只有把「貴古賤今」稍作更動，變成「貴西賤中」，以後要談論它，就有名可指了。

第三章　詩話摘句批評的現象

一、釋　題

所謂現象，是指任何直觀或體驗到的內容，跟僅由思考而間接認知的內容相對立。（註一）換句話說，現象是指不必經過推理（註二），而僅憑感覺就能得知的各種狀態。（註三）現在我們所要談的摘句批評，全由語言構成，也算是一個「物質存在」，自然有可感覺的樣態。因此，這裏以現象標題是可以成立的。

在我們的計畫裏，說明摘句批評的現象，是首要的工作，其他兩項工作（解釋和評價），都要在它完成後才能進行。然而，我們如何感覺摘句批評的現象，並且確定我們的判斷普遍地關係到各個摘句批評，卻是先要解決的問題。大致上，我們是從語意學和語用學的角度，來看摘句批評的指涉對象和形式結構，這樣我們所感覺到的摘句批評就是如實的（註四）；再來，我們根據摘句批評的指涉對象和形式結構，形成一些「普遍的概念」（註五），使它能周延地符合於眾多的摘句批評，這樣我們對摘句批評的判斷，自然具有普遍性。有了這兩個前提，現在就可以實地談摘句批評的現象。

摘句批評的現象，就我們所感覺到的，大約有四端：第一，摘句批評的對象，都是特殊的詩句，而這些詩句不是好句，就是壞句，不然就是好壞參半句（註六）；第二，摘句批評的目的，都在評估詩句的價值，而這些價值不是關連詩句的意義特性，就是關連詩句的語言技巧，不然就是關連詩句的意義特性和語言技巧（註七）；第三，摘句批評的媒介，都用批評的語言，而這些語言不是出以直敘，就是出以比喻，不然就是出以直敘和比喻（註八）；第四，摘句批評的形式，都是單一的判斷，而這些判斷不是涉及評價，就是涉及評價兼說明，不然就是涉及評價兼說明兼解釋。（註九）

這些現象，將來我們都會深入去探討，現在只要爲它們作詳盡一點的說明就行了，所以我們在下列各節中依次題爲「以特殊的詩句爲對象」、「以價值的評估爲依歸」、「以批評的語言爲媒介」和「以單一的判斷爲手段」，以便說明工作的進行。

二、以特殊的詩句為對象

現在我們所看到的摘句批評，含有兩部分：一個是它所摘的詩句，一個是它的批評文字。原先這兩部分在結合時，應該有個先後次序（註一〇），就是摘句在前，批評在後。（註一一）這跟其他實際批評先有對象而後有批評的情況類似。這樣我們要說明摘句批評的現象，就得按照這個次序，才不會前後錯亂，而妨礙以後的解釋工作。因此，本節的重點就擺在摘句批評的對象上。

關於這一點，我們分兩方面來說：第一，從摘句批評所摘的詩句，我們可以看出它們不出《詩》三百篇到近體詩等各種詩體的範圍。（註一二）而在選取的方式上，有的取單句，有的取複句，各有不同，如：

韓子蒼作〈送呂東萊赴召〉詩，甚得意。東萊止稱一句「厭見西江殺氣纏」，云是詩語。（註一三）

鄭谷詩喜用僧字，余獨愛其「上樓僧踏一梯雲」之句，以其神韻遠也。他皆不及。（註一四）

林逋處士，錢塘人，家于西湖之上，有詩名。人稱其〈梅花〉詩云「疏影橫斜水清淺，暗香浮動月黃昏」，曲盡梅之體態。（註一五）

氣本尚壯，亦忌銳逸。魏祖云：「老驥伏櫪，志在千里。烈士暮年，壯心不已。」猶曖曖也。（註一六）

通常以取複句爲多，而取複句中，又以取雙句爲最普遍。這不必詳爲舉例，詩話都在，可以覆按。其次，有的直接取句，有的先列全詩再取句，也各有所便，如：

「天子旌旗分一半，八方風雨會中洲。」此劉禹錫〈賀晉公留守東都〉詩也。其遠大之志，自覺軒豁可仰。（註一七）

余最喜武林毛馳黃先舒〈詠西施〉絕句云：「別有深恩酬不得，向君歌舞背君啼。」此意未經

前人道過。（註一八）

李群玉〈人日梅花〉詩：「半落半開臨野岸，團情團思媚韶光。玉鱗寂寂飛斜月，素手亭亭對夕陽。」亦有思致。「玉鱗寂寂飛斜月」，眞奇句也。「暗香浮動」，恐未可比。（註一九）

宋子虛〈老將〉詩：「殺氣銷磨暗鐵衣，夜看太白劍無輝。舊時麾下誰相問，半去封侯半不歸。」屺公曰：「末句妙在下三字。」（註二〇）

此外，有的並取一人句，有的並取他人句，也互有差異，如：

長吉善用白字，如「雄雞一聲天下白」、「吟詩一夜東方日」、「薊門白于水」、「一夜綠房迎白曉」、「一山唯白曉」，皆奇句。（註二一）

高適〈別鄭處士〉云：「興來無不愜，才大亦何傷。」〈寄孟五〉詩云：「秋氣落窮巷，離憂兼暮蟬。」〈送蕭十八〉云：〈常苦古人遠，今見斯人古。」〈題陸少府書齋〉云：「散帙至栖鳥，明鐙留故人。」皆佳句也。（註二二）

〈國風〉云：「愛而不見，搔首踟躕。」「瞻望弗及，佇立以泣。」其詞婉，其意微，不迫不露，此其所以可貴也。古詩云：「馨香盈懷袖，路遠莫致之。」李太白云：「皓齒終不發，芳心空自持。」皆無愧于〈國風〉矣。杜牧之云：「多情卻是總無情，惟覺尊前笑不成。」意非不佳，然而詞意淺露，略無餘韻。元、白、張籍，其病正在此。只知道得人心中事，而知道盡則又淺露也。後來詩人能道得人心中事者少爾，尚何無餘蘊之責哉！（註二三）

冬夜夢同一友吟古人詩，醒輒記之，如「鶯蝶弄人燕子笑」、「謝家輕絮沈郎錢」、「老郎今日是何心」、「卻訪支郎是老郎」、「蟲喧老耳薛能詩」、「座中亦有江南客，莫向春風唱〈鷓鴣〉」，皆舊詩之佳句也。（註二四）

不論是採用那一種方式取材，摘句批評的對象都是摘自現成詩中的句子，這一點是可以確定的。（註二五）

第二，透過摘句批評的批評文字，我們可以進一步看出這些詩句，有別於一般普通的詩句。它們有的是好句，有的是壞句，有的是好壞參半句。這從上面的例子中，多少可以感受這個事實。現在為了容易分辨，我們另外舉例來看看。凡是受到贊賞的詩句，都可以歸到好句這一部分，如：

子美詩云：「天欲今朝雨，山歸萬古春。」蓋絕唱也。（註二六）

李太白詩云：「幾度雨來成惡熱，一番風過有新涼。」劉莘老子劉企，字斯立，〈龍山寺〉詩亦云：「急雨欲來先暑氣，涼風已過卻秋聲。」詩意雖同，然皆佳句。（註二七）

「長貧知米價，老健識山名。」造語甚佳，忘其姓氏，方復齋時誦之。（註二八）

「池塘生春草」，景近標勝；「清暉能娛人」，韻遠嗟絕。若宣遠「開軒滅華燭，白露皓已盈」，即景之秀句；玄暉「春草秋更綠，公子未西歸」，撫時之雋思；文通「日暮碧雲合，佳人殊未來」，託怨之微詞，並足流亞矣。（註二九）

凡是受到譏斥的詩句，都可以歸到壞句這一部分，如：

國初高英秀者，與贊寧爲詩友，辯捷滑稽，嘗譏古人詩病云：「山甫〈覽漢史〉：『王莽弄來曾半破，曹公將去便平沈。』是破船詩。李群玉〈詠鷓鴣〉：『方穿詰曲崎嶇路，又聽鉤輈格磔聲。』是梵語詩。羅隱曰：『雲中雞犬劉安過，月裏笙歌煬帝歸。』是見鬼詩。杜荀鶴：『今日偶題題似著，不知題後更誰題。』此衛子詩也，不然安有四蹄？（註三〇）

詩不能無疵，雖三百篇亦有之，人自不敢摘耳。其句法有拙者：「載獫歇驕」；有太直者：「昔也每食四簋，今也每食不飽」；有太促者：「抑磬控忌，既亟只且」；有太累者：「不稼不嗇，胡取禾三百廛」；有太庸者：「乃如之人也」、「懷昏姻也」、「太無信也」、「不知命也」；其用意有太鄙者，如前「每食四簋」之類也，有太迫者，「宛其死矣，他人入室」；有太粗者：「人而無儀，不死何爲」之類也。（註三一）

對偶有極巧者，亦是偶然湊乎，如金吾、玉漏、尋常、七十之類，初不以此礙於理趣，求巧則適足取笑而已。賈島詩：「高人燒藥罷，下馬此林間。」以下馬對高人，噫！是何言與？（註三二）

（范石湖）〈巫山圖〉一篇，辨後世媟語之誣，而語不工。且云「玉色頩顏元不嫁」，此更傖父面目矣。（註三三）

凡是同時受到贊賞和譏斥的詩句，都可以歸到好壞參半句這一部分，如：

詩人貪求好句，而理有不通，亦語病也。如「袖中諫草朝天去，頭上宮花侍宴歸」，誠爲佳句矣，但進諫必以章疏，無直用稿草之理。唐人有云：「姑蘇臺下寒山寺，半夜鐘聲到客船。」說者亦云：「句則佳矣，其如三更不是打鐘時。」（註三四）

「樂意相關禽對語，生香不斷樹交花。」論者以爲至妙，予不能辯，但恨其意象太著耳。（註三五）

羅江東「雲中雞犬劉安過，月下笙歌煬帝歸」，人謂之見鬼。阮亭先生謂二句最劣。余謂上句是無用之句，果然最劣，下句則宛然佳句也，顧用之何如耳。（註三六）

宋人亦往往有佳思，苦以拙句敗之。如王鎬「澄江明月一竿絲」，未免意清語重。上句「凍雪寒梅雙屐蠟」，字字壘砌，豈復成語？（註三七）

而就數量來說，好句這一部分要比壞句或好壞參半句多（註三八），這也不必詳爲統計，只要翻閱詩話，就可以看出來。

摘句批評的取材範圍和取材方式，以及所摘詩句的性質，大致如此。而就我們的認識過程來說，摘句批評的取材範圍和取材方式，只要經由摘句部分就能察覺；而摘句批評所摘詩句的性質，卻要透過批評部分才會明白。前者跟我們的主題沒有太大的關係，可以暫時按下不談。後者牽涉到摘句批評所以發生的問題，正是我們所要探討的重點之一，因此，這裏必須再作一點補充，才能交代得過去。

依照實際的情況，摘句批評所摘的詩句，除了好句、壞句、好壞參半句等三種類型，應該還可以再細分爲許多類型，而這裏並沒有這麼作。這不是我們的疏忽，而是細部分類的工作，基本上很難進行（註三九），即使分得再仔細，也無法窮盡所有的現象，所以這裏只好從略了。雖然我們無法把這三種類型的詩句再作細分，但是對於它們的特性已經有相當的概念，也就足夠了。憑著這一點，將有助於我們瞭解摘句批評的目的。

三、以價值的評估為依歸

摘句批評作爲一種實際批評，必然也有它本身的目的（註四〇），這個目的就是對所摘詩句的價值的評估。（註四一）這個現象，我們在前節對摘句批評的對象的分辨中，就感覺到了，只是不便提及。現在有關摘句批評的對象已經談過了，理當接著爲它作一番說明。

在還沒有正式說明以前，我們要先看看什麼是價值的評估。當我們使用價值的評估一詞時，已經暗示了價值的評估是一種活動。在這個活動中，有一個價值對象和一個價值評估者，價值評估者針對價值對象進行評估，而獲得我們稱它爲價值這種東西（註四二）。就摘句批評來說，價值評估者是指摘句批評者（詩話作者），價值對象是指所摘的詩句，而價值是指摘句批評者對所摘詩句的效果判斷。摘句批評者在摘句批評完成後，就「自動」消失了，而所摘詩句也要透過批評文字才能看出它的價值所在，因此，現在我們所能談的只有體現在批評文字中的效果判斷。

這些效果判斷，就我們所看到的有的指向詩句的意義特性，有的指向詩句的語言技巧，有的指向詩句的意義特性和語言技巧。指向詩句的意義特性的，如：

丁相謂善爲詩，在珠崖猶有詩近百篇，號《知命集》，其警句有「草解忘憂憂底事，花能含笑笑何人。」（註四三）

唐羅隱〈繡〉詩云：「花隨玉指添春色，鳥逐金針長羽毛。」趙彥若〈剪綵花〉詩云：「花隨紅意發，葉就綠情新。」鑄意俱奇，皆警句也。（註四四）

淵明有〈形贈影〉、〈影答形〉及〈神釋詩〉三首，中句云：「得酒莫苟辭，酒云消百憂。」太白〈月下獨酌〉詩，有「舉杯邀明月，對影成三人。」二公風流孤邁，一種曠世獨立之致，異代同情。（註四五）

韋公性高潔，鮮食寡欲，所居焚香掃地而坐。其詩如「流水赴太壑，孤雲還暮山」，「無情尚有歸，行子何獨難」，「裁此百日功，唯將一朝舞。舞罷復裁新，豈思勞者苦」，「貧賤雖異等，出門皆有營」，「自慙居處崇，未睹斯民樂」，「士非遇明世，庶以道自全」，「身多疾病思田里，邑有流亡愧俸錢」，皆能擺去陳言，意致簡遠超然，似其爲人，詩家比之陶靖節，眞無愧也。（註四六）

指向詩句的語言技巧的，如：

詩人以一字爲工，世固知之，惟老杜變化開闔，出奇無窮，殆不可以形迹捕。如「江山有巴蜀，棟宇自齊梁」，遠近數千里，上下數百年，衹在「有」與「自」兩字間，而呑納山川之氣，俯仰古今之懷，皆見於言外。〈滕王亭子〉「粉牆猶竹色，虛閣自松聲」，若不用「猶」與「自」兩字，則餘八言凡亭子皆可用，不必滕王也。此皆工妙至到，人力不可及，而此老獨雍容閒肆，出於自然，略不見其用力處。（註四七）

半山詩有用蔡澤事云：「安排壽考無三甲。」又用退之語對云：「收拾文章有六丁。」東坡詩有用屈原事云：「豈意月斜庚子後。」又用鄭康成夢對曰：「忽驚歲在巳辰年。」皆天設對也。（註四八）

犀月謂昌黎詩「將軍欲以巧伏人，盤馬彎弓惜不發」，此中機括，彷彿見作文用筆之妙。又善用反襯法，如〈鄭群贈簟〉「攜來當晝不得臥」、「卻願天日恆炎曦」是也。又善用深一步法，如〈病鴟〉「計校生平事，殺卻理亦宜」、「亮無責報心，固以聽所爲」是也。（註四九）

謝脁〈酬王晉安〉詩：「南中榮橘柚，寧知鴻雁飛。」後人不解此句之妙。晉安，即閩泉州也。「南中榮橘柚」，即諺云「樹蠻不落葉」也。「寧知鴻雁飛」，即諺云「雁飛不到處」也。樹不凋，雁不到，本是瘴鄉，乃以美言之，此是隱句之妙。（註五〇）

指向詩句的意義特性和語言技巧的，如：

凡詩人作語，要令事在語中而人不知。余讀太史公〈天官書〉：「天一、槍、棓、矛、盾動搖，角大，兵起。」杜少陵詩云：「五更鼓角聲悲壯，三峽星河影動搖。」蓋暗用遷語，而語中乃有用兵之意。詩至於此，可以爲工也。（註五一）

《古今詩話》：「老杜『紅飯啄餘鸚鵡粒，碧梧棲老鳳凰枝』，此語反而意奇。退之詩云：『舞鑑鸞窺沼，行天馬渡橋。』亦做此理。」（註五二）

裴司空以眼錯駑馬贈張水部，水部以詩謝之，有「乍離華廄移蹄澀，初到貧家舉眼驚。」措辭微婉，旨趣良深。（註五三）

小斜川詩自注：「吳開府遊隆中爲諸葛孔明賦詩，有『翻覆看俱好』之句，爲世稱誦。」此句可抵一篇孔明傳論，而簡質婉妙。（註五四）

此外，還有一些例子（註五五），不易看出應該歸入第一類或第二類，我們只好把它們歸入第三類。

雖然如此，有關效果判斷的現象也還沒有說得完全。這是因爲價值本身具有兩極性和層級性（註五六），而我們只舉出正面價值（以上那些例子中的詩句都具有正面價值），並沒有舉出負面價值，同時對於價值的等級順序也沒有加以分辨。現在我們必須再爲它略作說明。

先談負面價值。我們都知道負面價值相對的是正面價值，但是它並不是正面價值的缺乏，而是確實存在的「一種價值」，這從某些摘句批評中可以看得很清楚。由於具有正面價值的詩句，有的是緣於它的意義特性，有的是緣於它的語言技巧，有的是緣於它的意義特性和語言技巧；同樣的，具有負面價值的詩句，也有的是緣於它的意義特性，也有的是緣於它的語言技巧，也有的是緣於它的意義特性和語言技巧。現在就依次各舉兩個例子，以見一斑：

詩以意爲主，文詞次之，或意深義高，雖文詞平易，自是奇作。世效古人平易句，而不得其意

義，翻成鄙野可笑。盧仝云：「不即溜鈍漢。」非其意義，自可掩口，寧可效之邪？（註五七）

黃山谷詩可嗤鄙處極多，其尤無義理者，莫如「雙鬟女弟如桃李，早年歸我第二雛」之句，稱子婦之顏色於詩句，以贈其兄，何哉？朱文公謂其詩多信筆亂道，信矣。（註五八）

《丹陽集》云：「張籍，韓愈高弟也。愈嘗作「此日足可惜」贈之，八百餘言。……〈醉贈張徽〉有「張籍學古淡，軒昂避雞群」之句。今取其集讀之，如〈送越客〉詩云：「春雲剡溪口，殘月鏡湖西。」〈逢故人〉詩云：「海上見花發，瘴中聞鳥飛。」〈送海客〉詩云：「入國自獻寶，逢人多贈珠。紫掖發章句，青闈更詠歌。」如此之類，皆駢句也。至如「赤貧無施利，僧老足慈悲」、「收拾新琴譜，封題舊藥方」、「多申請假牒，祇送賀官書」，語言便拙，實無可取。（註五九）

山谷「荷葉裹鹽同趁虛」，明明是柳子厚「青箬裹鹽歸峒客，綠荷包飯趁虛人」之句，未免飣餖之醜。（註六〇）

王荆公詩「一水護田將綠遶，兩山排闥送青來。」意露筋張，全在護、將、排、送四字，便帶傖氣。（註六一）

七律貴有奇句，然須奇而不詭於正，若奇而無理，殊傷雅音，所謂「奇過則凡」也。如趙秋谷之「客舍三千兩雞狗，島人五百一頭顱」，不惟顯露槎枒，絕無餘味，亦嫌求奇太過，無理取鬧矣。此外如詩話所傳「金欲兩千酬漂母，鞭須六百報平王」、「義畫破天須妹補，羿弓饒月待妻奔」，皆爲過火語，實無取義，不可爲訓。石破天驚之句，出人意外者，其意仍須在人意中也。（註六二）

接著談價值的等級順序。價值的等級順序，跟一般的分類不一樣。我們在從事分類時，並不必包含等級順序，但在對兩個或兩個以上的價值作選擇時，等級順序就顯示出來了。這種等級順序，最常見的是從好到壞排列，其次是在好或壞中再分層次。從好到壞排列的詩句，一樣也有的是緣於它的意義特性，也有的是緣於它的語言技巧，也有的是緣於它的意義特性和語言技巧，現在也依次各舉兩個例子來看看：

譏刺語須含蓄。如少陵「落日留王母，微風倚少兒」，太白「漢宮誰第一，飛燕在昭陽」、「只愁歌舞散，化作彩雲飛」，皆刺明皇、楊妃事，何等婉曲。若香山〈長恨歌〉，微之〈連昌宮詞〉，直是訕謗君父矣。詩品人品，均分高下。義山「如何四季爲天子，不及盧家有莫愁」，尤爲輕薄壞心術。（註六三）

有妓〈與人贈別〉云：「臨岐幾點相思淚，滴向秋階發海棠。」情語也。而莊蓀服太史〈贈妓〉云：「憑君莫拭相思淚，留著明朝更送人。」說破，轉覺嚼蠟。佟法海〈弔琵琶亭〉云：「司馬青衫何必濕，留將淚眼哭蒼生。」一般殺風景語。（註六四）

格以高下論，如坡公〈詠梅〉「竹外一枝斜更好」，高於和靖之「暗香疏影」。林又高於季迪

之「雪滿山中」「月明林下」。至晚唐之「似桃無綠葉，辨杏有青枝」，則下劣極矣。（註六五）

「結廬在人境，而無車馬喧」，陶公偶然入妙。次之「孰是都不營，而以求自安」，便下一格。劉繪「別離不可再，而我更重之」、孟浩然「榜人苦奔峭，而我忘險艱」二語，差不覺。至杜審言「重以祟班閡，而云勝托捐」、浩然「聞君重高潔，而得奉清歡」，稍覺索然。甚且用作五律起句，如〈送蘇六從軍〉「才有幕中畫，而無塞上勳」，更使不得。（註六六）

古人詠雪多偶然及之，漢人「前日風雪中，故人從此去」，謝康樂「明月照積雪」，王龍標「空山多雨雪，獨立君始悟」，何天眞絕俗也！鄭都官「亂飄僧舍茶煙濕，密灑歌樓酒力微」，已落坑塹矣。昌黎之「凹中初蓋底，凸處盡成堆」、張承吉之「戰退玉龍三百萬，敗鱗殘甲滿天飛」，是成底語！（註六七）

詩家好作奇句警語，必千鍾百鍊而後能成。如李長吉「石破天驚逗秋雨」，雖險而無意義，祇覺無理取鬧。至少陵之「白摧朽骨龍虎死，黑入太陰雷雨垂」，昌黎之「巨刃摩天揚」、「乾坤擺礌硠」等句，實足驚心動魄，然全力搏兔之狀，人皆見之。青蓮則不然，如「撫頂弄盤古，推車轉天輪。女媧戲黃土，團作愚下人。散在六合間，濛濛如沙塵。」「舉手弄清淺，誤攀織女機。」「一風三日吹倒山，白浪高於瓦官閣。」皆奇警極矣，而以揮灑出之，全不見其錘鍊之迹。（註六八）

至於在好或壞中再分層次的詩句，也一樣也有的是緣於它的意義特性，也有的是緣於它的語言技巧，也有的是緣於它的意義特性和語言技巧，現在也依次各舉兩個例子（好壞各一）來看看：

太白詩云：「剗卻君山好，平鋪湘水流。巴陵無限酒，醉殺洞庭秋。」是甚胸次！少陵亦云：「夜醉長沙酒，曉行湘水春。」然無許大胸次也。（註六九）

詩貴和緩優柔，而忌率直迫切。元結、沈千運是盛唐人，而元之〈舂陵行〉、〈賊退詩〉，沈之「豈知林園主，卻是林園客」，已落率直之病。樂天〈雜興〉之「色禽合爲荒，政刑兩已衰」，〈無名稅〉之「奪我身上暖，買爾眼前恩。進入瓊林庫，歲久化爲塵」，〈輕肥〉篇之「是歲江南旱，衢州人食人」，〈買花〉篇之「一叢深色花，十戶中人賦」等，率直更甚。（註七〇）

王摩詰云：「九天閶闔開宮殿，萬國衣冠拜冕旒。」子美取作五字云：「閶闔開黃道，衣冠拜紫宸。」而語益工。（註七一）

《筆叢》載宋游景仁〈黃鶴樓〉詩，云：「宋七言律唯此首可追老杜。」今案其詩云「長天巨浪拍天浮，城郭相望萬景收」，調已極粗滑；至「角聲交送千家月」，鄙俗又甚。（註七二）

望夫石在處有之。古今詩人共用一律，惟夢得云：「望來已是幾千歲，只似當年初望時。」語雖拙而意工。黃叔度，魯直之弟也，以顧況爲第一云：「山頭日日風和雨，行人歸來石應語。」語意皆工。（註七三）

元人「秋千院落春將半，夏五園林月正中。楊柳昏黃水西月，梨花明白夜東風」，徒掇拾華澤字面，串湊成句，不惟景盡句中，了無意味，而格卑氣靡，弄巧反拙矣。若明人之「春風顛似唐張旭，天氣和如魯展禽」、「白鷺下田千點雪，黃鸝上樹一枝花」，則卑靡纖佻，已近魔道。（註七四）

如果我們把第一節所舉三種類型的詩句，合在一起看，好句和壞句的價值，正如這裏所分辨的，除了分居兩極，還各自含有等級順序。至於好壞參半句的價值，由於擁有受贊賞的成分，我們可以把它歸入正面價值中較低層次的一級。這樣有關效果判斷一事，也就有眉目可尋了。雖然我們無法把那些效果判斷所指向的「意義特性」和「語言技巧」以及「意義特性和語言技巧」等現象，一一作更具體的說明（這裏不可能這樣作），但是對於摘句批評以評估詩句的價值爲目的，卻有了眞切的認識，這也將有助於我們對摘句批評其他現象的瞭解。

四、以批評的語言為媒介

我們所說摘句批評的其他現象，是指摘句批評賴以達到目的的媒介，以及摘句批評實際運作的方式。這一節我們要先說明摘句批評賴以達到目的的媒介。

摘句批評賴以達到目的的媒介，毫無疑問的是語言，更確切的說，是批評的語言。根據先進的語意學的分類理論（註七五），語言有指示、評判、規約和組合等四種表達方式，以及報導、評價、促使和組織等四種使用方法，而摘句批評的語言，正是評判語句的組織使用。它的作用，在於引導讀者對於他（摘句批評者）所摘詩句加以衡量，並且對於他由這些詩句引發的心理反應，給予重新組織。有關這些語言的作用，以後我們會加以探討，現在只說明這些語言本身的情況。

在前一節中，我們看到摘句批評對所摘詩句的意義特性、語言技巧，以及意義特性和語言技巧，各有不同程度的評價，它所憑藉的就是這些批評的語言。反過來說，這些語言所以能成立，所依據的就是詩句的意義特性、語言技巧，以及意義特性和語言技巧。（註七六）現在為了不跟前面相互干擾，我們另外舉例來說明。

劉攽詩話載杜子美詩云：「蕭條六合內，人少豺虎多。少人愼勿投，多虎信所過。飢有易子食，獸猶畏虞羅。」言亂世人惡甚于豺虎也。予觀老杜〈潭州〉詩云：「岸花飛送客，檣燕語留人。」與前篇同。意喪亂之際，人無樂善喜士之心，至于一將一迎，曾不若岸花檣燕也。詩主優柔感諷，不在逞豪放而致怒張也。（註七七）

吳僧明月舟善為詩，與予交。嘗得其臨終一首，警句曰：「草煙蝴蝶夢，花月杜鵑吟。」予愛誦之。（註七八）

永叔詩話稱謝伯初之句，如「園林換葉梅初熟」，不若「庭草無人隨意綠」也；「池館無人燕學飛」，不若「空梁落燕泥」也。蓋伯初句意凡近，似所謂西崑體，而王胄、薛道衡峻潔可喜

也。（註七九）

張文潛詩云：「不用爲文送窮鬼，直須圖事祝錢神。」唐子西云：「脫使眞能去窮鬼，自量無以致錢神。」夫錢神所以不至者，唯其有窮鬼在耳。二子之語，似可喜，而實不中理也。（註八〇）

以上四則批評用語，所依據的準則，都是詩句的意義特性。第一、二則，根據杜甫、明月舟詩句能優柔感諷、能警惕人心而給予贊賞；第三則，根據王冑、薛道衡和謝伯初三人詩句句意是否凡近而定其軒輊；第四則，根據張文潛、唐子西詩句不中實理而給予譏斥。

四明鄭刺史寒村梁〈曉行〉有句云：「野水無橋牽馬渡，曉星如月照人行。」寫景工絕。（註八一）

退之〈桃源行〉云：「種桃處處皆開花，川原遠近蒸紅霞。」狀花卉之盛，古今無人道此語。（註八二）

詩下雙字極難，須使七言五言之間除去五字三字外，精神興致全見於兩言，方爲工妙。唐人記「水田飛白鷺，夏木囀黃鸝」爲李嘉祐詩，王摩詰竊取之，非也。此兩句（「漠漠水田飛白鷺，陰陰夏木囀黃鸝」）好處，正在添漠漠陰陰四字，此乃摩詰爲李嘉祐點化，以自見其妙，如李光弼將郭子儀軍，一號令下，精彩數倍。不然，如嘉祐本句，但是詠景耳，人皆可到，要之當令如老杜「無邊落木蕭蕭下，不盡長江滾滾來」，與「江天漠漠鳥雙去，風雨時時龍一吟」

等，乃爲超絕。（註八三）

人各有能有不能，不宜強作以備體。李獻吉一代大手，輕豔殊非所長，效義山作無題曰：「班女愁來賦興豪。」豪字戇甚。閨閣語言，寧傷婉弱，不宜壯健耳。（註八四）

以上四則批評用語，所依據的準則，都是詩句的語言技巧。第一、二則，根據鄭梁、韓愈詩句工於寫景、善於寫花而給予贊賞；第三則，根據王維、李嘉祐詩句是否能見精神興致而定其高下；第四則，根據李夢陽詩句用字不當而給予譏斥。

李太白〈廬山瀑布〉詩，有「疑是銀河落九天」句，東坡嘗稱美之。又覩太白「海風吹不斷，江月照還空」一聯，磊落清壯，語簡意足，優於絕句，眞古今絕唱也。然非歷覽此景，不足以見此詩之妙。（註八五）

僧志南能詩，朱文公嘗跋其卷云：「南詩清麗有餘，格力閒暇，無蔬筍氣。」如云「霑衣欲濕杏花雨，吹面不寒楊柳風」，予深愛之。（註八六）

古來詠明妃者，石崇詩「我本漢家子，將適單于庭」，「昔爲匣中玉，今爲糞上英」，語太村俗。惟唐人（李白）「今日漢宮人，明朝胡地妾」二句，不著議論，而意味無窮，最爲絕唱。（註八七）

明人蘇子平衡〈詠繡鞋〉詩句云：「南陌踏青春有迹，西廂立月夜無聲。」尖佻偎邪，風雅掃地，然當日亦呼爲蘇繡鞋。（註八八）

以上四則批評用語，所依據的準則，都是詩句的意義特性和語言技巧。第一、二則，根據李白、志南詩句語簡意足、語麗意（志）閒（註八九）而給予贊賞；第三則，根據石崇、李白詩句是否語雅意婉而定其優劣；第四則，根據蘇衡詩句語佻意（思）邪而給予譏斥。

不論這些批評用語所依據的準則是什麼，只要它一出現，摘句批評就停止了判斷。因此，這些批評用語出現的方式，也成了我們注視的焦點。根據我們的觀察，批評用語的出現，有直敘、比喻，以及直敘和比喻等三種方式。直敘的方式。如：

李商隱〈隋宮〉中四句云：「玉璽不緣歸日角，錦帆應是到天涯。于今腐草無螢火，終古垂楊有暮鴉。」日角、錦帆、螢火、垂楊是實事，卻以他字面交蹉對之，融化自稱，亦其用意深處，眞佳句也。（註九〇）

閬仙五古〈精舍〉云：「耳目乃鄽井，肺肝乃巖峰。」〈贈友〉云：「一日不作詩，心源如廢井。」〈寓興〉云：「今時出古言，在衆翻爲訛。」語語有眞氣，有眞性靈。（註九一）

句法最忌直率，直率則淺薄而少深婉之致。戴叔倫之「如何百年內，不見一人閒」，不若趙嘏「星星一鏡髮，草草百年身」；韓愈之「況與故人別，那堪羈宦秋」，不若靈一「官柳鄉愁亂，春山客路遙」；貫休之「故國在何處，多年未得歸」，不若司馬札「芳草失歸路，故鄉空暮雲」，兩相比較，淺薄深婉自見。（註九二）

樂天云：「樂可理心應不謬，酒能陶性信無疑。」「陶冶性靈在底物」固詩人語，古人所謂「

樂以治心」者，相去遠矣，此語不作可也。（註九三）

所謂「眞佳句」、「語語有眞氣，有眞性靈」、「兩相比較，淺薄深婉自見」、「此語不作可也」，都是直接陳述，不帶任何比喻。比喻的方式，如：

謝脁詩，如〈暫使下都〉云：「大江流日夜，客心悲未央。」「金波麗鳷鵲，玉繩低建章。」如〈登三山〉云：「白日麗飛甍，參差皆可見。餘霞散成綺，澄江靜如練。」皆呑吐日月，摘攝星辰之句。（註九四）

賈閬仙「長江人釣月，曠野火燒風」，「流星透疎木，走月逆行雲」，「遠天垂地外，寒日下峰西」，「邊日沈殘角，河關截夜城」，「峰懸驛路殘雲斷，海浸城根老樹秋」，「山鐘夜渡空江水，汀月寒生古石樓」等語，眞堪鑄佛禮拜。（註九五）

作詩有三等語：堂上語，堂下語，階下語。知此三者，可以言詩矣。凡上官臨下官，動有昂然氣象，開口自別，若李太白「黃鶴樓中吹玉笛，江城五月落梅花」，此堂上語也。凡下官見上官，所言疏有條理，不免局促之狀，若劉禹錫「舊時王謝堂前燕，飛入尋常百姓家」，此堂下語也。凡訟者說得顚末詳盡，猶恐不能勝人，若王介甫「茅薝長掃淨無苔，花木成蹊手自栽」，此階下語也。（註九六）

盜法一事，詆之則曰偷勢，美之則曰擬古。然六朝人顯據其名，唐人每陰竊其實，雖謂之偷可也。獨宋人則偷亦不能，如介甫愛少陵「鉤簾宿鷺起，丸藥流鶯囀」，後得句云「青山捫蝨坐

，黃鳥挾書眠」，自謂不減于杜，人亦稱之。然二語何異截鶴脛而使短，眞與「雪白後園僵等耳，此眞房太尉兵法。（註九七）

所謂「皆吞吐日月，摘攝星辰之句」、「眞堪鑄佛禮拜」、「堂上語，堂下語，階下語」、「（截鶴脛而使短）此眞房太尉兵法」，都是藉其他事物譬況，跟直敘有所不同。直敘和比喻的方式，如：

劉長卿有湘中紀行十詩，〈花石潭〉有云：「水色淡如空，山光復相映。」〈浮石瀨〉云：「秋色照瀟湘，月明聞蕩槳。」〈橫龍渡〉云：「亂聲沙上石，倒影雲中樹。」皆勝語也。他如「天光映波動，月影隨江流」，又「入夜翠微裏，千峰明一燈」，又「潮氣和楚雲，夕陽映江樹」，又「卷簾高樓上，萬里看日落」，詞妙氣逸，如生馬駒不爲轡絡所掣，讀之使人飄飄然有憑虛御風之意。（註九八）

（高季迪）〈薊門行〉云：「中國多荒土，窮邊何用開。」〈少年行〉云：「寶刀不敢輕輸卻，明日沙場卻報恩。」〈猛虎行〉云：「猛虎雖猛猶可喜，橫行只在深山裏。」〈郊墅〉云：「僧來雙屐雨，漁臥一船霜。」〈秋興〉云：「梁寺鐘來殘月落，漢宮砧斷早鴻過。」〈寒山寺〉云：「船裏鐘催行客起，塔中燈照遠僧歸。」佳在實境得句，足以嗣響盛唐，宛如霜隼摩空，風翮健捷。（註九九）

長吉自有石破天驚之奇，如「胡角引北風，薊門白于水」，「霜重鼓寒聲不起」，「呼龍耕煙種瑤草」，「二十八宿羅心胸，筆補造化天無功」，「一雙瞳神剪秋水」等句，氣勢闊大，不

盡入秋墳鬼唱。後人仿之，一味幽豔，殊厭于人。（註一〇〇）

唐人詩云：「海色晴看雨，鐘聲夜聽潮。」至周以言，則云：「海色晴看近，鐘聲夜聽長。」唐僧詩云：「經來白馬寺，僧到赤烏年。」至皇甫子循，則云：「地是赤烏分教後，僧同白馬賜經時。」雖以剽語得名，然猶未見大決撒。獨李太白有「人煙寒橘柚，秋色老梧桐」句，而黃魯直更之曰：「人家圍橘柚，秋色老梧桐。」晁無咎極稱之，何也？余謂中只改兩字，而醜態畢具，眞點金作鐵手耳。（註一〇一）

所謂「詞妙氣逸，如生馬駒不爲韁絡所掣，讀之使人飄飄然有憑虛御風之意」、「佳在實境得句，足以嗣響盛唐，宛如霜隼摩空，風翮健捷」、「氣勢闊大，不盡入秋墳鬼唱」、「只改兩字，而醜態畢具，眞點金作鐵手」，都是直接陳述和藉其他事物譬況並行，不純然爲直敘，也不純然爲比喻。

摘句批評賴以達到目的的媒介，以及媒介出現的方式，大致如此。本來這個現象是我們最早「接觸」的，理當優先說明，但是爲了方便考察，只好略作調整。這樣不僅可以承接摘句批評的對象和摘句批評的目的兩個子題，也可以開啓摘句批評的形式一個子題，使整個說明工作有了邏輯上的聯繫。

五、以單一的判斷為手段

有關摘句批評採用批評的語言來達到評估詩句價值的目的，前節已經說明過了，現在要進一步看看它到底是怎麼運作的。這就得從摘句批評的形式談起。

所謂形式，是指物體的外形結構。（註一〇二）摘句批評也是一個「物體」，自然有它的外形結構。不過，這跟其他物體（指自然界的物體）的情況稍有不同。其他物體的外形結構，相對的是實體物質，摘句批評的外形結構，相對的是語言質料。（註一〇三）實體物質沒有「意義」，語言質料有「意義」；而且實體物質只是自然形成，語言質料卻可以由人力控制。我們知道了這個區別，當然不能把摘句批評跟其他物體混爲一談。

在理論上，摘句批評的外形結構跟語言質料是相互對立的，而在實際上，摘句批評的外形結構卻要靠語言質料的組合，才得以顯現。因此，我們不能捨棄語言質料，而空談摘句批評的外形結構。還有語言質料既然可以由人力控制，當它被用來構成摘句批評時，可以想見會有不同的組合方式。當務之急，就是把這些語言質料的組合情況，作一番條理，以便掌握摘句批評實際運作的方式。

根據我們的觀察，這些語言質料，除了被用來評估詩句的價值（評判的表達），還有被用來敘述詩句的來歷（指示的表達），說解詩句的特性（組合的表達），以及規範創作的方向（規約的表達）。它們在跟所摘詩句結合成一體時，有下列幾種情況：第一，只有評估詩句價值的語言單獨跟所摘詩句結合，如：

羅隱詩云：「只知事逐眼前過，不覺老從頭上來。」此語殊有味。（註一〇四）

（劉翼明）〈過重蘿小留別丁平之〉：「秋光到樹紅千葉，水氣浮山綠一行。」造句絕佳。（

註一〇五）

崔禮山「自是不歸歸便得，五湖煙景有誰爭」，與「相逢盡道休官去，林下何曾見一人」，同一妙理。（註一〇六）

（陳子高）「大書文字隄防老，剩買谿山準備閒。」隄防準備四字太淺近。（註一〇七）

第二，除了評估詩句價値的語言跟所摘詩句結合，還帶有敘述詩句來歷的語言，如：

幼年聞北方有詩社，一切人皆預焉。屠兒爲〈蜘蛛〉詩，流傳海內。忘其全篇，但記其一句云：「不知身在網羅中。」亦足爲佳句也。（註一〇八）

余曾祖通議，楊寘榜登科，未四十致政，享年八十七。居江陰軍青陽之上湖，自號草堂逸老。參佛日契嵩，遂悟眞諦。嘗與嵩詩云：「山禽啼曉四時別，林藪戰秋千里空。」又云：「我悟儻來空世界，師知休去忘形骸。」又〈與智能上人〉詩云：「色空了了空還執，體相如如相即非。」則知所得深矣。又讀《道藏》一過，故見於篇詠者，多眞仙語。如：「仙莖屢損三危露，眞館常開四照花。鵲渚曉煙飛玉洞，琅池秋水接星槎。」又云：「鍊成眞氣發雙華，還向囊中祕玉霞。咒水夜潭龍怖劍，弄雲秋嶺鶴看家。」皆佳句也。（註一〇九）

王半山「京口瓜洲一水間，鍾山衹隔數重山。春風又綠江南岸，明月何時照我還。」吳中士人家藏其草，初云「又到」，圈去注曰「不好」，改爲「過」，復圈去改爲「入」，旋改爲「滿」，凡如是十餘字，始定爲「綠」。黃山谷「歸燕略無三月事，高蟬正用一枝鳴」，初曰「抱

」，又改曰「占」，曰「在」，曰「帶」，曰「要」，至「用」字始是。二字之改，雖未甚工，然見古人苦心如此。（註一一〇）

詩話載唐僧齊己謁鄭谷獻詩：「自封修藥院，別下著僧床。」谷覽之云：「請改一字，方可相見。」經數日，再謁，改云「別掃著僧床」。谷嘉賞，結爲詩友。此一字，元本改本俱無好處，不知鄭谷何以賞之？唐詩僧多卑卑之格，惟皎然、靈一差勝。（註一一一）

第三，除了評估詩句價值的語言跟所摘詩句結合，還帶有說解詩句特性的語言，如：

杜子美詩「不嫁惜娉婷」，此句有妙理，讀者忽之耳。陳后山衍之云：「當年不嫁惜娉婷，傅粉施朱學後生。不惜捲簾通一顧，怕君著眼未分明。」深得其解矣。蓋士之仕也，猶女之嫁也；士不可輕於從仕，女不可輕於許人也。（註一一二）

（杜甫）〈春望〉詩云：「國破山河在，城春草木深」，言無人物也。「感時花濺淚，恨別鳥驚心」，花鳥樂事而濺淚驚心，景隨情化也。「烽火連三月，家書抵萬金」，極平常語，以境苦情眞，遂同于六經中語之不可動搖。（註一一三）

東坡稱陶靖節詩云：「『平疇交遠風，良苗亦懷新。』非古之耦耕植杖者，不能識此語之妙也。」僕居中陶，稼穡是力。秋夏之交，稍旱得雨，雨餘徐步，清風獵獵，禾黍競秀，濯塵埃而泛新綠，乃悟淵明之句善體物也。（註一一四）

《吾乃緣》一條云：「杜〈八哀詩〉，詩體已長，絕少剪裁，而前輩多稱之，崔鶠至謂『可表裏雅頌』，過矣！試摘其累句，如〈汝陽王〉云：『愛其謹潔極』，『上又回翠麟』，『天笑不爲新』，『手自與金銀』，『匪惟帝老大，皆是王忠勤』。〈李邕〉云：『眄睞皆已虛，跋涉曾不泥』，『眾歸賙給美，擺落多藏穢』，『是非張相國，相扼一危脆』。〈蘇源明〉云：『祕書茂松色』，『溟漲本末淺』。〈鄭虔〉云：「地崇士大夫，況乃氣精爽』，『方朔諧太枉』，『寡鶴誤一響』。〈張九齡〉云：『骨驚畏曩哲，鬒變負人境』，『諷詠在務屏』，『用才文章境』，『散帙起翠螭』，『未闕隻字警』云云，率不可曉。披沙揀金，在慧眼自能辨之。未可爲群瞽語白黑也。」（註一一五）

第四，除了評估詩句價值的語言跟所摘詩句結合，還帶有說解詩句特性以及規範創作方向的語言（規範創作方向的語言，不是在前端，就是在末端），如：

詩家有一種至情，寫未及半，忽插數語，代他人詰問，更覺情致淋漓。最妙在不作答語，一答便無味矣。如〈園有桃〉章云：「不知我者，謂我士也驕。彼人是哉，子曰何其。」三句三折，跌宕甚妙。接以「心之憂矣」，只爲不知者代嘲，絕無一語解嘲，無聊極矣。又〈陟岵〉章云：「父曰嗟，予子行役，夙夜無已。尚愼旃哉，猶來無止。」四句中有憐愛語，有叮嚀語，有慰望語，低徊宛轉，似只代父母作思子詩而已，絕不說思父母，較他人作思父思母語，更爲淒涼。（註一一六）

「池塘生春草，園柳變鳴禽。」世多不解此語爲工，蓋欲以奇求之耳。此語之工，正在無所用

意，猝然與景相遇，借以成章，不假繩削，故非常情所能到。詩家妙處，當須以此爲根本，而思苦言難者，往往不悟。（註一一七）

詩語固忌用巧太過，然緣情體物，自有天然工妙，雖巧而不見刻削之痕。老杜「細雨魚兒出，微風燕子斜」，此十字殆無一字虛設。雨細著水面爲漚，魚常上浮而淰，若大雨則伏而不出矣。燕體輕弱，風猛則不能勝，唯微風乃受以爲勢，故又有「輕燕受風斜」之語。至「穿花蛺蝶深深見，點水蜻蜓欵欵飛」，深深字若無穿字，欵欵字若無點字，皆無以見其精微如此。然讀之渾然，全似未嘗用力，此所以不礙其氣格超勝。使晚唐諸子爲之，便當如「魚躍練波拋玉尺，鶯穿絲柳織金梭」體矣。（註一一八）

語有乍看似佳，細思則瘡痏百出者。如戴敏才「惜樹不磨修月斧，愛花須築避風臺」，亦大費雕鏤而出。但花雖畏風，非臺可避，用飛燕事殊不當。修月事見《酉陽雜俎》，然伐樹何必修月之斧，修月之斧亦非人間所有。若用吳剛伐樹事，又與修月無干。總之，止務瑰奇，不求妥貼，以眩俗目可耳，與風雅正自徑庭。（註一一九）

雖然如此，第二種組合中敘述詩句來歷的語言，以及第四種組合中規範創作方向的語言，跟摘句批評並沒有必然或直接的關聯（註一二〇），可以不予理會。因此，這裏只剩下評估詩句價值和說解詩句特性兩種語言值得我們留意。

從這兩種語言的組合情況，我們可以看出摘句批評有單一的判斷（註一二一），沒有相關的推論。這個判斷，就是對所摘詩句價值的肯定或否定。而它在表達對所摘詩句價值的肯定或否定時，不是使用批評的語言，就是使用批評的語言和說明的語言，不然就是使用批評的語言和說明的語言以及解釋的語言。第一種情況，我們稱它爲純粹的評價，第二種情況，我們稱它爲評價兼說明；第三種情況，我們稱它爲評價兼說明兼解釋。（註一二二）純粹的評價部分，前面已經舉過不少例子，這裏就略去不談。評價兼說明，以及評價兼說明兼解釋兩部分，有必要加以說明。這兩部分是從上面所引說解詩句特性的語言再細分（說明詩句特色的語言和解釋詩句情境的語言）後的「結果」。前者，如：

詩社以楊妃襪爲題，楊廉夫一聯云：「安危豈料關天步，生死猶能繫俗情。」題目雖小而議論甚大，所以諸人莫能及。（註一二三）

詩用人姓事，無如東湖。〈與張元幹〉詩云：「詩如雲態度，人似柳風流。」皆張姓事，暗用之不覺，尤爲佳也。（註一二四）

唐人詩「長貧惟要健，漸老不禁愁」，「乍見翻疑夢，相悲各問年」，「少孤爲客早，多難識君遲」，「長因送人處，憶得別家時」，「問姓驚初見，稱名憶舊容」，「客淚題書落，鄉愁對酒寬」，「旅望因高盡，鄉心遇物悲」，「道直身還在，恩深命轉輕」，「乍見翻無語，別來長獨愁」，皆字字從肺肝中流露，寫情到此，乃爲入骨，雖是律體，實《三百篇》、漢、魏之苗裔也。初學欲以淺率之筆襲之，多見其不知量。（註一二五）

楊用修稱劉後村〈李夫人招魂歌〉、〈趙昭儀春浴行〉、〈東阿王紀夢行〉，然僅竊西崑之似，且他篇粗鹵者甚多。所作〈十老〉詩，尤多鄙俗。如〈老兵〉「金瘡常有些兒痛」，〈老儒〉「專巧三場恐未然」，眞堪笑倒。（註一二六）

所謂「題目雖小而議論甚大」、「（詩用人姓事）暗用之不覺」、「皆字字從肺肝中流露」、「（語）鄙俗」，都是在評價以外，爲詩句特色所作的說明。後者，如：

李義山任洪農尉，嘗投詩謁告云：「卻羨卞和雙刖足，一生無復沒階趨。」雖爲樂春罪人，然用事出人意表，尤有餘味。英俊屈沈，強顏低意，趨跖諾虎，扼腕不平之氣，有甚於傷足者，非龘知直己，不甘心於病畦下舐，不能賞此語之工也。（註一二七）

聖俞嘗語余曰：「詩家雖率意，而造語亦難。若意新語工，得前人所未道者，斯爲善也。必能狀難寫之景，如在目前，含不盡之意，見於言外，然後爲至矣。賈島云：『竹籠拾山果，瓦瓶擔石泉。』姚合云：『馬隨山鹿放，雞逐野禽栖。』等是山邑荒僻，官況蕭條，不如『縣古槐根出，官清馬骨高』爲工也。」（註一二八）

余曰：「語之工者固如是。狀難寫之景，含不盡之意，何詩爲然？」聖俞曰：「作者得於心，覽者會以意，殆難指陳以言也。雖然，亦可略道其髣髴，若嚴維『柳塘春水漫，花塢夕陽遲』，則天容時態，融和駘蕩，豈不如在目前乎？又若溫庭筠『雞聲茅店月，人跡板橋霜』，賈島『怪禽啼曠野，落日恐行人』，則道路辛苦，羈愁旅思，豈不見於言外乎？」（註一二九）

聖俞嘗云：「詩句義理雖通，語涉淺俗而可笑者，亦其病也。如有〈贈漁父〉一聯云：『眼前不見市朝事，耳畔惟聞風水聲。』説者云：『患肝腎風。』又有〈詠詩〉者云：『盡日覓不得，有時還自來。』本謂詩之好句難得耳，而説者云：『此是人家失卻貓兒詩。』人皆以爲笑也。」（註一三〇）

所謂「英俊屈沈，強顏低意，趨跖諾虎，扼腕不平之氣」、「山邑荒僻，官況蕭條」、「天容時態，融和駘蕩」「道路辛苦，羈愁旅思」、「患肝腎風」「人家失卻貓兒」，都是在評價、說明以外，爲詩句情境所作的解釋。

摘句批評在評價以外，雖然還有說明和解釋，但是這些說明和解釋，只是評價的「注腳」，不是評價的「前提」。既然說明和解釋只是評價的「注腳」，有沒有它們，都不會影響評價的進行。換句話說，說明和解釋，跟評價並沒有邏輯上的關聯，去掉說明和解釋，評價依然成立。因此，我們不難看出摘句批評實際的運作方式，就是單一的判斷。我們把這一點跟前三節所說的作個聯結，可以得到這樣的結論：摘句批評以單一的判斷爲手段，透過批評的語言，達成評估某些特殊詩句價值的目的。

【註釋】

註一　見布魯格（W. Brugger），《西洋哲學辭典》（項退結譯，臺北，華香園，一九八九年一月），〈表象〉條，頁六三；唐君毅，《哲學概論》（臺北，學生，一九八九年十月），下冊，頁二四；鄔昆如，《現象學論文集》（臺北，黎明，一九八一年五月），頁三—四。

註二　所謂推理（或稱推論），是指由已成立的判斷（或稱命題），依邏輯的必然性，引申出一個新的判斷（參見柴熙，《哲學邏輯》（臺北，商務，一九八八年十一月），頁一七三；註一所引布魯格書，〈推論〉條，頁二八〇；殷海光，《邏輯新引》（香港，亞洲，一九七七年十二月），頁二二—三一）。

註三　這裏所說的感覺，包含知覺在內，它是人生理和心理的綜合特徵之一。一般談論心理學的書，多把感覺和知覺分開處理（見張春興，《心理學》（臺北，東華，一九八九年九月），頁二六七—三一三；宕夕爾（J. F. Donceel, S.J.），《哲學人類學》（劉貴傑譯，臺北，巨流，一九八九年三月），頁一三七—一九〇），我們認爲不妥當，因爲感覺和知覺幾乎是一起出現的，很難分誰爲感覺誰爲知覺（也許有人會說，我們常有「感覺某物而不知何物」的情況，顯然感覺和知覺是有區別的。其實，當我們感覺某物時，已經知道該物的存在，只是沒有一個恰當的概念去指稱它而已）。

註四　摘句批評屬於後設語言，有它特定的指涉對象和形式結構，而我們從這兩點來觀察，有關摘句批評的現象，也就無從「隱藏」了。

註五　凡是能周延地表現其外延範圍內的一切對象，都稱爲「普遍的概念」（參見註二所引柴熙書，頁四九）。

註六　前兩種情況，我們先以古人的話爲證。賀裳《載酒園詩話又編》說：「楊用修極稱劉（禹錫）集之佳，摘句表章之。」（《清詩話續編》本（臺北，木鐸，一九八三年十二月），頁三四九）闕名《靜居緒言》說：「放翁學問人品，俱能勝人。……後人摘集中纍句譏之，亦是吹毛求疵，無傷大體，自有公論。」（《清詩話續編》本，頁一六四八）至於後一種情況，我們會在後面舉例時，再加以說明。

註　七　章學誠《文史通義》說：「〈詩話〉雖書旨不一其端，而大略不出論辭論事，推作者之志，期於詩教有益而已矣。」（臺北，世界，一九八四年八月），〈詩話篇〉，頁一二六）郭紹虞〈詩話叢話〉說：「章氏分論詩及事及辭二端，說得最好。各家詩話之體例宗旨，雖不相同，大別之要不能外此二者。蓋論詩以及事者，即就詩之內容以推究之；論詩以及辭者，又不外就詩之形式以品評之耳。論詩所可憑藉者，本不出此二端。後世詩話所以覺得性質不一，流別滋繁者，要均不外就此二端以分析而已。」（《小說月報》第二十卷第一號，一九二九年一月十日），頁二二二）章學誠、郭紹虞二人認爲詩話的體例宗旨，不外論事論辭二端，所見頗爲眞切。前者就是我們所說的意義特性（我們的說法比較精確），後者就是我們所說的語言技巧。不過，就摘句批評來說，有些例子不易看出它是在批評詩句的意義特性，還是在批評詩句的語言技巧，只好當它是兼有二者。

註　八　古來修辭學上所說的賦和比（參見王念恩，〈賦、比、興新論〉（第十一屆中國古典文學會議論文，一九九〇年六月十六、十七日），頁四八二—四八四），相當我們這裏所說的直敘和比喻。就摘句批評的用語來說，直敘和比喻有時分開，有時合用，詳後。

註　九　其實，這裏所說的說明和解釋，都非當的簡略，跟我們這次研究所用的說明和解釋，在內涵意義上頗有差別（外延意義當然不同，這就不必說了）。

註一〇　所謂先後，是指時間的先後，不是指文字的先後。後者常有摘句和批評相互「易位」的情況，如曾季貍《艇齋詩話》說：「前人詩言落花有思致者三：王維『興闌啼鳥換，坐久落花多』，李嘉祐『細雨濕衣看不見，閒花落地聽無聲』，荆公『細數落花因坐久，緩尋芳草得歸遲』。」（《續歷代詩話》本（臺北，藝文，一九八三年六月），頁三一六）王士禛《漁洋詩話》說：「律句有神韻天然，不可湊泊者，如高季迪『白下有山皆繞郭，清明無客不思家』，曹能始『春光白下無多日，夜月黃河第幾灣』，李太虛『節過白露猶餘熱，秋到黃州始解涼』，程孟陽『瓜步江空微有樹，秣陵天遠不宜秋』是也。」（《清詩話》本（臺北，藝文，一九七七年五月），頁二三七）宋徵璧《抱眞堂詩話》說：「少陵詩不傷于直野，如『日暮不收烏啄瘡』及『孔雀不知牛有角』是也。」（《清詩話續編》本，頁一二〇）這是爲行文方便所作的調整，實際上還是摘句在前，批評在後。

註一一　也許有人會認爲摘句和批評是同時發生的，不應該强行區分先後。關於這一點，牽涉到「時間」的觀念問題（有關「時間」的觀念，參見克洛德（Claude Larre），〈中國人思維中的時間經驗知覺和歷史觀〉，收於《文化與時間》（鄭樂平、胡建平譯，浙江，人民，一九八八年七月），頁三二—三六；註一所引布魯格書，〈時間〉條，頁五四〇—五四一），我們無意去辯解，只想指出任何後設語言都是後於對象語言，所以摘句批評中的批評文字，也必定要後於所摘的詩句。

註一二　事實上，就體制來說古詩只到近體詩爲止，摘句批評所摘的詩句，自然不可能超出我們所提到的這個範圍。現在所以「多此一舉」，只是基於體例的需要，沒有別的用意。

註一三　見註一〇所引曾季貍書，頁三一八。

註一四　見李調元，《雨村詩話》，《清詩話續編》本，頁一五三一。

註一五　見司馬光，《續詩話》，《歷代詩話》本（臺北，藝文，一九八三年六月），頁一六四。

註一六　見徐禎卿，《談藝錄》，《歷代詩話》本，頁四九五。

註一七　見朱承爵，《存餘堂詩話》，《歷代詩話》本，頁五一〇。

註一八　見註一〇所引王士禎書，頁二二〇—二二一。按：以上兩個例子以及前面四個例子，在取材的方式上並沒有什麼不同，現在把它們列出來，只是爲了跟下面的例子對看。

註一九　見楊慎，《升菴詩話》，《續歷代詩話》本，頁七七六。

註二〇　見顧嗣立，《寒廳詩話》，《清詩話》本，頁一一五。

註二一　見馬位，《秋窗隨筆》，《清詩話》本，頁一〇六三。

註二二　見葛立方，《韻語陽秋》，《歷代詩話》本，頁三〇一。

註二三　見張戒，《歲寒堂詩話》，《續歷代詩話》本，頁五四六。

註二四　見田雯，《古歡堂雜著》，《清詩話續編》本，頁七二四。

註二五　縱然有少數的詩句本來是獨立的（如葉夢得《石林詩話》說：「蔡天啓云：『荊公每稱老杜「鉤簾宿鷺起，丸藥流鶯囀」之句，以爲用意高妙，五字之楷模。他日公作詩，得「青山捫蝨坐，黃鳥挾書眠」，自謂不減杜語，以爲得意，然不能舉全篇。』余頃嘗以語薛肇明，肇明後被旨編公集，求之，終莫得。或云：公但得此一聯，未嘗成章也。」（《歷代詩話》本，頁二四〇）蔣正子《山房隨筆》說：「周芝田，浙人，浪迹江湖，道冠野服，詩酒諧笑，略無拘檢，亦時出小戲以悅人，而不知其能琴與詩也。遇琴則一彈，適興則吟一二句，而不終篇。嘗〈賦石上兩行〉云：『淋漓滿腹藏春雨，突兀半拳生曉雲。』亦自可人。」（《歷代詩話》本，頁四六五—四六六）陳僅《竹林問答》說：「宋人詩話謂荊公有得意句曰：『青山捫蝨坐，黃鳥挾書眠。』黃山谷有得意句云：『人得交游是風月，天開圖畫即江山。』亦無全篇，皆似不得相稱語，遂忍於割愛。」（《清詩話續編》本，頁二二六四）），但在成為被批評的對象時，也跟從全詩中摘取的句子沒有什麼差別，所以我們不另外為它們作說明；何況它們的數量少之又少，根本無法自成一個特殊的「領域」。

註二六　見強幼安，《唐子西文錄》，《歷代詩話》本，頁二六四。
註二七　見吳幵，《優古堂詩話》，《續歷代詩話》本，頁二六七。
註二八　見查為仁，《蓮坡詩話》，《清詩話》本，頁六〇五。
註二九　見毛先舒，《詩辯坻》，《清詩話續編》本，頁四一。
註三〇　見尤袤，《全唐詩話》，《歷代詩話》本，頁一三五。按：此據臺北，漢京出版《歷代詩話》（一九八三年一月），增寧字（原脫），並改師友為詩友。
註三一　見王世貞，《藝苑卮言》，《續歷代詩話》本，頁一一一四。
註三二　見王夫之，《薑齋詩話》，《清詩話》本，頁二三。
註三三　見翁方綱，《石洲詩話》，《清詩話續編》本，頁一四三五。
註三四　見歐陽修，《六一詩話》，《歷代詩話》本，頁一六〇。
註三五　見李東陽，《麓堂詩話》，《續歷代詩話》本，頁一六五一——一六五二。
註三六　見薛雪，《一瓢詩話》，《清詩話》本，頁八七七。
註三七　見賀裳，《載酒園詩話》，《清詩話續編》本，頁二三八。

註　三八　以後各章節，如果須要舉例，只要不涉及「好」「壞」的分判，我們自然會多舉「含有」好句的例子。

註　三九　關於這一點，只要把所有的摘句批評排列在一起，就會知道它的困難所在，目前我們還沒有高明的「技術」可以解決這個問題。

註　四〇　摘句批評本身的目的和摘句批評者的目的，有必要分開來談。前者在摘句批評完成後就達到了；後者如果只跟前者一致，當摘句批評完成後他也達到了，如果不跟前者一致，那就很難說了（如第二章第三節所提到的，摘句批評者爲了「以示勸戒」、「以獎勵風會」、「以示學者棄取之方」，才來從事摘句批評，這就超出他實際所作摘句批評本身的目的，而古來沒有人有過詳細的「市場調查」，誰也不知道他有沒有達到）。理論上雖然有摘句批評者的目的和摘句批評本身的目的一致的情況，實際上摘句批評者的目的都會超出摘句批評本身的目的，不然我們就無法理解摘句批評者從事摘句批評到底是何用意了。至於這裏用「目的」，而標題用「依歸」，意義並沒有不同，只是變文爲用而已。

註　四一　某些摘句批評縱然沒有很强烈的暗示這一點（如呂本中《紫微詩話》說：「楊道孚深愛義山『嫦娥應悔偷靈藥，碧海青天夜夜心』，以爲作詩當如此學。」（《歷代詩話》本，頁二一五）張表臣《珊瑚鉤詩話》說：「王臨川詩云：『細數落花因坐久，緩尋芳草得歸遲。』此與杜詩『見輕吹鳥毳，隨意數花鬚』命意何異？」（《歷代詩話》本，頁二七八）劉熙載《詩概》說：「韋云『微雨夜來過，不知春草生』，是道人語。柳云『迴風一蕭瑟，林影久參差』，是騷人語。」（《清詩話續編》本，頁二四二九—二四三〇）），我們還是可以看出價值的評估就蘊涵在裏面，不然如何解釋摘句批評這件事的目的？另外，我們所說的價值的評估，跟價值的判斷是同義詞，爲了顧及上下文意，有時要加以調換。

註　四二　參見溫公頤，《哲學概論》（臺北，商務，一九八三年九月），頁二四三—二四九；陳秉璋，《道德規範與倫理價值》（臺北，國家政策研究資料中心，一九九〇年十月），頁二二二—二二六；龔鵬程，《文學散步》（臺北，漢光，一九八五年十二月），頁一九六—二〇一。

註　四三　見註一五所引司馬光書，頁一六五。

註　四四　見趙與虤，《娛書堂詩話》，《續歷代詩話》本，頁五九一。

註　四五　見註二一所引馬位書，頁一〇五七。

註　四六　見余成教，《石園詩話》，《清詩話續編》本，頁一七五四。

註　四七　見註二五所引葉夢得書，頁二五一。

註　四八　見吳聿，《觀林詩話》，《續歷代詩話》本，頁一三二。

註　四九　見註二〇所引顧嗣立書，頁一一三。

註　五〇　見田同之，《西圃詩說》，《清詩話續編》本，頁七五七。

註　五一　見周紫芝，《竹坡詩話》，《歷代詩話》本，頁二〇一。

註　五二　見蔡夢弼，《草堂詩話》，《續歷代詩話》本，頁二五八。

註　五三　見註三六所引薛雪書，頁八八五。

註　五四　見註二三所引翁方綱書，頁一四二九。

註　五五　如顧元慶《夷白齋詩話》說：「唐人秦韜玉有詩云：『地衣鎭角香獅子，簾額侵鉤繡辟邪。』後山有『壞墻得雨蝸成字，古屋無人燕作家』。韜玉可謂狀富貴之象於目前，後山可謂含寂寞之景於言外也。」（《歷代詩話》本，頁五一四—五一五）范晞文《對床夜語》說：「老杜云：『五侯與螻蟻，同盡隨邱墟。』則簡而妙矣。」（《續歷代詩話》本，頁五二九）徐增《而菴詩話》說：「唐人有『鴉翻楓葉夕陽動，鷺立蘆花秋水明』一聯，人皆稱其佳，而不知其所以佳。余曰：此即王摩詰『東家流水入西鄰』意，夫鴉翻楓葉，而動者卻是夕陽；鷺立蘆花，而明者卻是秋水，妙得禪家三昧。」（《清詩話》本，頁五一八）葉矯然《龍性堂詩話初集》說：「杜『星垂平野闊，月湧大江流』，又『野流行地日，江入度山雲』，說得江山氣魄與日月爭光，罕有及者。」（《清詩話續編》本，頁九六八）

註　五六　價值具有兩極性和層級性，這是一個事實。參見方迪啓（Risieri Frondizi），《價值是什麼》（黃藿譯，臺北，聯經，一九八六年二月），頁八—一〇；徐道鄰，《語意學概要》（香港，友聯，一九八〇年一月），頁一八〇—一八一。

註　五七　見劉攽，《中山詩話》，《歷代詩話》本，頁一七〇。

註　五八　見註一九所引楊愼書，頁七八二。

註　五九　見孫濤，《全唐詩話續編》，《清詩話》本，頁七八四—七八五。

註　六〇　見註三六所引薛雪書，頁八九一。

註　六一　見張謙宜，《絸齋詩談》，《清詩話續編》本，頁九〇一。

註六二　見朱庭珍，《筱園詩話》，《清詩話續編》本，頁二三七七。
註六三　見施補華，《峴傭說詩》，《清詩話》本，頁一二四一。
註六四　見袁枚，《隨園詩話》（臺北，漢京，一九八四年二月），頁二三。
註六五　見王士禎，《師友詩傳續錄》，《清詩話》本，頁二二〇。
註六六　見施閏章，《蠖齋詩話》，《清詩話》本，頁四六二。
註六七　見沈德潛，《說詩晬語》，《清詩話》本，頁六七九。
註六八　見趙翼，《甌北詩話》，《清詩話續編》本，頁一一四〇。
註六九　見瞿佑，《歸田詩話》，《續歷代詩話》本，頁一四七五。
註七〇　見吳喬，《圍爐詩話》，《清詩話續編》本，頁五一八。
註七一　見陳師道，《後山詩話》，《歷代詩話》本，頁一八二。
註七二　見註二九所引毛先舒書，頁六四。
註七三　見註七一所引陳師道書，頁一八一。
註七四　見註六二所引朱庭珍書，頁二三八〇。
註七五　這裏指的是摩利斯（C. W. Morris）在一九四六年所發表《符號，語言和行為》一書中，對語言所作的分類（見方蘭生，《傳播原理》（臺北，三民，一九八四年十月），頁一二二—一二三及註五六所引徐道鄰書，頁一五五—一六四引）。這是當今公認最精細的一套理論，將來我們也要藉用這個理論架構來論說。

註七六　凡是批評的語言（如好、壞、佳、惡、妙之類。我們這裏把它擴大到蘊涵有評價意味的語言），不論是否帶有情緒色彩，都要有客觀的依據，才能成立（參見黃宣範，《翻譯與語意之間》（臺北，聯經，一九八五年十一月），頁八九—九四）。摘句批評的用語，所依據的準則，就是詩句的意義特性、語言技巧，以及意義特性和語言技巧。

註七七　見魏泰，《臨漢隱居詩話》，《歷代詩話》本（臺北，漢京，一九八三年一月），頁三一九。按：藝文所出版《歷代詩話》，沒有這一則。

註七八　見都穆，《南濠詩話》，《續歷代詩話》本，頁一六一六。

註七九　見註七七所引魏泰書，頁三三四。

註八〇　見王若虛，《滹南詩話》，《續歷代詩話》本，頁六三四。

註八一　見楊際昌，《國朝詩話》，《清詩話續編》本，頁一六六八。

註八二　見許顗，《彥周詩話》，《歷代詩話》本，頁二二八。

註八三　見註二五所引葉夢得書，頁二四四。

註八四　見註三七所引賀裳書，頁二二五。

註八五　見韋居安，《梅磵詩話》，《續歷代詩話》本，頁六四四。

註八六　見註四四所引趙與虤書，頁五九一。

註八七　見註六八所引趙翼書，頁一三二四。

註八八　見註六二所引朱庭珍書，頁二三九七。

註　八九　第二則中所說「格力閒暇」的格力，是指表現在詩句中的志意（力是格的修飾語）。遍照金剛《文鏡祕府論》引王昌齡說：「凡作詩之體，意是格，聲是律。意高則格高，聲辨則律清，格律全始有調。用意於古人之上，則天地之境，洞焉可觀。」（臺北，學海，一九七四年一月），頁一一二—一一三）而志意就函蓋在我們這裏所說的意義內。

註　九〇　見吳師道，《吳禮部詩話》，《續歷代詩話》本，頁七三六。

註　九一　見延君壽，《老生常談》，《清詩話續編》本，頁一七九八。

註　九二　見冒春榮，《葚原詩說》，《清詩話續編》本，頁四六三。

註　九三　見黃徹，《䂬溪詩話》，《續歷代詩話》本，頁四六三。

註　九四　見註一七所引朱承爵書，頁五〇五。

註　九五　見註五五所引葉矯然書，頁九八七—九八八。

註　九六　見謝榛，《四溟詩話》，《清詩話》本，頁一四四〇。

註　九七　見註三七所引賀裳書，頁二一九。

註　九八　見註五五所引范晞文書，頁五三四。

註　九九　見顧起綸，《國雅品》，《續歷代詩話》本，頁一二八四。

註一〇〇　見註六所引闕名書，頁一六五〇。

註一〇一　見註三一所引王世貞書，頁一一八六。

註一〇二　參見註一所引布魯格書，〈型式，模型，形式〉條，頁二一四。
註一〇三　質料的意義，跟物質的意義相通（參見註一所引布魯格書，〈質料，物質〉條，頁二一一—二一二），這裏只是變文爲用。
註一〇四　見註八二所引許顗書，頁二三二。
註一〇五　見註六一所引張謙宜書，頁八八〇。
註一〇六　見註三六所引薛雪書，頁九〇一。
註一〇七　見吳可，《藏海詩話》，《續歷代詩話》本，頁三七七。
註一〇八　同上，頁三八六。
註一〇九　見註二二所引葛立方書，頁三六四。
註一一〇　見葉矯然，《龍性堂詩話續集》，《清詩話續編》本，頁一〇一三。
註一一一　見註三三所引翁方綱書，頁一三九八。
註一一二　見註一九所引楊愼書，頁七九九。
註一一三　見註七〇所引吳喬書，頁五三七。
註一一四　見註四一所引張表臣書，頁二七三。
註一一五　見註三三所引翁方綱書，頁一四八五—一四八六。
註一一六　見賀貽孫，《詩筏》，《清詩話續篇》本，頁一七四。

註一一七　見註二五所引葉夢得書，頁二五五。

註一一八　同上，頁二五八—二五九。

註一一九　見註三七所引賀裳書，頁二一三。

註一二〇　這是說詩句的來歷如何，不一定會影響最後的效果判斷；而規範詩句應該如何創作，已經超出實際批評的範圍（當在理論批評中討論）。

註一二一　所謂判斷（或稱命題），是指對某一對象加以肯定或否定（參見註二所引柴熙書，頁九五—九八；註一所引布魯格書，〈判斷〉條，頁二九四—二九五）。

註一二二　照理說，說明和解釋也是判斷；前者屬於「事實判斷」，後者屬於「形上判斷」（因果判斷）。但是在摘句批評裏，它們跟評價（價值判斷）並沒有形成邏輯上必然的關聯（也就是說，它們還欠缺別的判斷作爲前提，無法形成一個完整的論證），所以我們用一個「兼」字來連接它們，表示它們可有可無（如第一種情況就沒有說明或說明和解釋）。

註一二三　見註六九所引瞿佑書，頁一五二七。

註一二四　見註一〇所引曾季貍書，頁三三九。

註一二五　見潘德輿，《養一齋詩話》，《清詩話續編》本，頁二一〇三。

註一二六　見註三七所引賀裳書，頁四五六。

註一二七　見註九三所引黃徹書，頁三九六。

註一二八　見註三四所引歐陽修書，頁一五八。

註一二九　同上。

註一三〇　同上，頁一五九。

第四章　詩話摘句批評的原理

一、釋　題

摘句批評以單一的判斷爲手段，透過批評的語言，達成評估某些特殊詩句價値的目的，這個現象本身並沒有說明什麼，而我們也不會因爲知道這個現象就感到滿足。換句話說，摘句批評只顯示它在從事批評，並沒有透露它爲什麼要從事批評，以及爲什麼要這樣批評，這對想瞭解摘句批評是否有價値的人來說，無疑的是一種缺憾。（註一）因此，爲摘句批評找尋原因，也就成了我們責無旁貸的一項重要的任務。

想爲摘句批評找尋原因，難免要涉及一個理論的問題，就是怎樣找尋摘句批評的原因，以及找到的原因是否可靠？當然，這個理論的相反，就是摘句批評根本沒有原因，而我們所找到的原因都不可靠。後面這個說法，基本上是不能成立的，因爲摘句批評是「人爲」的，沒有「人爲」，摘句批評怎麼會「存在」？這樣摘句批評就不可能沒有原因了。所以我們可以放心的去找尋摘句批評的原因。

由於摘句批評「以特殊的詩句爲對象」、「以價値的評估爲依歸」、「以批評的語言爲媒介」、「以單一的判斷爲手段」，已經具體的呈現在我們眼前，不須要再爲它討論什麼，現在所要討論的是摘句批評爲什麼要「以特殊的詩句爲對象」、「以價値的評估爲依歸」、「以批評的語言爲媒介」、「以單一的判斷爲手段」，也就是摘句批評所以形成的原因。我們把後者當作「因」，前者就是「果」，「果」必須有「因」才得以成立，這是因果原理最基本的前提。（註二）而我們這裏所說的原理，就是指這個因果原理。只是摘句批評本身無法提供它所以形成的原因，我們還得經由別的途徑來探討這個問題。

一般說來，摘句批評所以形成的原因，只有透過摘句批評者的心理歷程，或決定摘句批評者心理歷程的歷史環境，才能找到。這跟其他實際批評必須透過實際批評者的心理歷程，或決定實際批評者心理歷程的歷史環境，才能找到它所以形成的原因，是同一道理的。不過，摘句批評者的心理歷程，或決定摘句批評者心理歷程的歷史環境，已經超出我們的經驗範圍，只能運用推理來判定，所得到的結果自然只有「間接的內在明顯性」，不可能有「直接的內在明顯性」。（註三）雖然我們所找到的原因，沒有「直接的內在明顯性」，但是有這「間接的內在明顯性」作保證，也足夠邀人來信賴了。

根據這一點，我們認爲摘句批評所以要「以特殊的詩句爲對象」、「以價値的評估爲依歸」、「以批評的語言爲媒介」、「以單一的判斷爲手段」，跟摘句批評者所懷抱的詩教使命，以及摘句批評者所理解的實際批評有關。因此，我們決定以「詩教使命的促使」、「批評本質的限定」、「語彙系譜的作用」、「價值判斷的局限」爲題，分別解釋前面所說摘句批評的現象，作爲將來評價的依據。

二、詩教使命的促使

依照常理來說，摘句批評所以發生，必定有它內外在的因素。而合此內外在的因素，摘句批評才能成立。換句話說，摘句批評必須有內在的因素作爲它的「必要條件」，並且有外在的因素作爲它的「充分條件」，才能成立，不然摘句批評就不能成立。我們想瞭解摘句批評爲什麼要「以特殊的詩句爲對象」，也要從這裏探討起。

所謂內在的因素，是指不藉外來影響而本身具有的因素。我們知道摘句批評有摘句和批評兩部分，而在時間順序上摘句永遠先於批評，因此，是否有句可摘，就成了摘句批評是否可以成立的一大關鍵。

漢、魏古詩，氣象混沌，難以句摘，晉以還方有佳句，如淵明「採菊東籬下，悠然見南山」，謝靈運「池塘生春草」之類。（註四）

漢魏詩只是一氣轉旋，晉以下始有佳句可摘。（註五）

這是摘句批評者自己所說的話。我們透過它可以推測到摘句批評要成立，必須先有句可摘，如果無句可摘，摘句批評就不可能成立。（註六）我們所說的內在的因素，就是指有句可摘這一點。至於有句可摘的標準是什麼，也有一段話可以讓我們參考：

杜子美詩：「日出籬東水，雲生舍北泥。竹高鳴翡翠，沙僻舞鵾雞。」此一句一意，摘一句亦成詩也。蓋嘉運詩：「打起黃鶯兒，莫教枝上啼。啼時驚妾夢，不得到遼西。」此一篇一意，摘一句不成詩矣。（註七）

這是說詩句本身句意自足，才能被摘來批評。這一句意自足應該就是它的標準。（註八）雖然如此，摘句批評不一定就能成立，還要有別的條件才行。這個條件，就是外在的因素。

所謂外在的因素，是指本身不具有而要藉外來影響的因素。在摘句批評中，批評這一部分完全是人力外加給它的，有別於前面所說那一部分，我們稱它爲外在的因素。外在的因素連同內在的因素，摘句批評就一定能成立。然而，這只是理論上的說明，實際上還沒有解答摘句批評爲什麼要「以特殊的詩句爲對象」的問題。

摘句批評爲什麼要「以特殊的詩句爲對象」，我們無法從它內在的因素看出究竟，只能從它外在的因素來探索。也就是說，詩句本身不足以提供有關摘句批評所以要「以特殊的詩句爲對象」的答案，剩下來只有看摘句批評者了，因爲摘句批評者如果不從事摘句批評，儘管詩句句意自足，也無法使摘句批評發生。因此，我們應該暫時略過詩句而把焦點放在摘句批評者身上。

現在我們就來看摘句批評者爲什麼要從事摘句批評？這可能有兩個答案：一個是他「有所爲而爲」，一個是他「無所爲而爲」。（註九）如果是「無所爲而爲」，「無所爲」就是唯一的原因，其餘就不必多論了；如果是「有所爲而爲」，我們就可以繼續追溯摘句批評者「所爲」的是什麼。顯然上面兩個答案不能同時並存，我們必須放棄其中一個才行。究竟放棄那一個？我們考慮的是「無所爲而爲」，因爲我們可以找出許多證據來支持「有所爲而爲」，卻找不出一個證據來支持「無所爲而爲」。

到底摘句批評者從事摘句批評「所爲」的是什麼？根據我們的研判，摘句批評者「所爲」的是詩教（註一○），更確切的說，是教人作詩。理由是這樣的：摘句批評者可以教人讀詩，也可以教人以詩爲處世的南針，不一定要教人作詩。如果他要教人讀詩，或教人以詩爲處世南針，他儘可去從事詩集的箋注，或撰寫論文而以詩句爲證（如先秦人的斷章取義），不必摘取詩句來批評。現在摘句批評者所以要摘取詩句來批評，顯然不是要教人讀詩，也不是要教人以詩爲處世南針，而是要教人作詩。

這個理由，可以從摘句批評者自己所說的話，以及摘句批評者在摘句批評中使用規範創作方向的語言得到印證。首先，我們看摘句批評者自己所說的話：

而菴曰：詩人自宋元來，而論詩者備矣。其去唐已遠，要皆得之揣摹，無有師承，規矩放失，至於今日，頹波莫挽，有志之士，爲之慨然……古人所作，皆由眞才實學，其詩具在，斑斑可得而考也。識得古人，便可造得古人。余所説唐詩諸體，雖不能從萬花樓上出身，亦庶乎不淆殺於虀菜盎中矣。（註一一）

詩話之作，要皆爲初學指示。若入之已深，心解則耳目皆廢，況古人之陳言乎？輕嘗淺試之人，先記了許多浮話，如杜稱詩聖，李稱詩仙，李賀之鬼，盧仝之怪，元輕白俗，島瘦郊寒。及叩其所以然之故，彼仍如墮終南霧裏，茫然不知巔峰。索觀所作，去輕、俗、寒瘦不啻霄壞，何論仙、聖、鬼、怪！深沈好學之士，當深戒之也。（註一二）

詩者，志之所之；而志者，情之主，性之迹也。性正而後志正，志正而後思正，思正而後詩正，而後無邪之旨乃可言焉。天下競言詩矣，顧取而讀之，究茫然不知其志之所在，而遑問其性情？竊深懼夫無邪之旨久不明，而聖人以詩立教之意之終古晦昧而莫或講也，因於小清華園談詩時，稍爲引其端倪，發其旨趣；且取古人及唐人詩類而繫之，以爲初學楷式。（註一三）

一秋杜門養痾，惟與藥爐經卷相伴，甚苦岑寂。郡中同人偕及門二三子，日載酒過從，爭問詩法於予。愧無以副諸君厚意，乃以筆代口，述予見聞所及，爲詩話四卷付之。各錄一通，用塞其請。雖落語言文字之迹，然渡迷津者必假寶筏，識歧途者莫如老馬，姑導先路，未始非學繡金鍼之度也。（註一四）

所謂「識得古人，便可造得古人」、「要皆爲初學指示」、「以爲初學楷示」、「姑導先路，未始非學繡金鍼之度」，無一不是在表示要教人作詩。（註一五）

其次，我們看摘句批評者在摘句批評中使用規範創作方向的語言：

東坡拈出陶淵明談理之詩，前後有三：一曰「采菊東籬下，悠然見南山」，二曰「笑傲東軒下，聊復得此生」，三曰「客養千金軀，臨化消其寶」，皆以爲知道之言。蓋摛章繪句，嘲弄風月，雖工亦何補。若睹道者，出語自然超詣，非常人能蹈其軌轍也。（註一六）

余頃年遊蔣山，夜上寶公塔，時天已昏黑，而月猶未出，前臨大江，下視佛屋崢嶸，時聞風鈴，鏗然有聲。忽記杜少陵詩：「夜深殿突兀，風動金琅璫。」恍然如己語也。又嘗獨行山谷間，古木夾道交陰，惟聞子規相應木間，乃知「兩邊山木合，終日子規啼」之爲佳句也。又暑中瀕溪，與客納涼，時夕陽在山，蟬聲滿樹，觀二人洗馬丁溪中。曰：此少陵所謂「晚涼看洗馬，森木亂鳴蟬」者也。此詩平日誦之，不見其工，惟當所見處，乃始知其爲妙。作詩正要寫所見耳，不必過爲奇險也。（註一七）

作詩貴彫琢，又畏有斧鑿痕；貴破的，又畏黏皮骨，此所以爲難。李商隱〈柳〉詩云：「動春何限葉，撼曉幾多枝。」恨其有斧鑿痕也。石曼卿〈梅〉詩云：「認桃無綠葉，辨杏有青枝。」恨其黏皮骨也。能脫此二病，始可以言詩矣。（註一八）

劉子儀贈人詩云：「惠和官尚小，師達祿須干。」取柳下惠聖之和，師也達，而子張學干祿之事。或有除去官字示人曰：「此必番僧也，其名達祿須干。」聞者大笑。詩有詩病俗忌，當僻之。此偶自諧合，無若輕薄子何，非筆力過也。（註一九）

所謂「蓋摘章繪句，嘲弄風月，雖工亦何補。若睹道者，出語自然超詣，非常人能蹈其軌轍」、「作詩正要寫所見耳，不必過爲奇險」、「作詩貴彫琢，又畏有斧鑿痕；貴破的，又畏黏皮骨，此所以爲難」、「詩有詩病俗忌，當避之」，都是跟摘句批評一起出現的規範創作方向的語言，這些語言不是在暗示我們摘句批評者所以從事摘句批評，就是爲了教人作詩嗎？

既然摘句批評者從事摘句批評是爲了教人作詩，我們就要繼續探討兩個問題：第一，摘句批評者爲什麼會以爲摘句批評可以達到教人作詩的目的？第二，摘句批評者爲什麼不摘取普通的詩句（註二〇），只摘取特殊的詩句，而在特殊的詩句中有好句和壞句以及好壞參半句，理當只摘取好句示人，爲什麼還要摘取壞句和好壞參半句？第一個問題，我們推測它跟摘句批評者所瞭解的創作（得詩）過程有關：

作詩先以一聯爲主，更思一聯配之，俾其相稱，縱不佳，姑存以爲筌句。筌者，意在得魚也。然佳句多從庸句中來，能用取魚棄筌之法，辭意兩美，久則渾成，造名家不難矣。（註二一）

詩而從頭做起，大抵平常，得句成篇者乃佳。得句即有意，便須布局，有好句而無局，亦不成詩。（註二二）

以初白律詩與放翁相較；放翁使事精工，寫景新麗，固遠勝初白，然放翁多自寫胸膈，非因人因地，曲折以赴，往往先得佳句，而足成之。（註二三）

這是說詩人創作往往先得一聯或佳句，而後成篇。（註二四）因此，摘句批評者摘取詩句來批評，正好可以啓發學者的詩思或創作途徑。（註二五）

第二個問題的前半，不用討論也知道摘句批評者不會去摘取普通的詩句，不然他就是在開天下人玩笑，不是在教人作詩了。而後半也很容易理解，摘句批評者摘取好句固然是示人「作詩之道」，摘取壞句和好壞參半句也是在示人「作詩之道」，這要藉一位摘句批評者的言論來說：

晉詩張景陽「黑蜧躍重淵，商羊舞野遲。飛廉應南箕，豐隆迎屛翳」，生堆強砌。劉越石「何其不夢周」，「遺愛常在去」，歇後可笑。「暮宿丹水山」，不雅。「本是崑山璆」，不現成。龍泉曰「龍淵」，天曰「圓象」，地曰「方儀」，粉飾可厭。陶公，漢魏後一人，若「鬼神茫昧然」，「曲肱豈傷沖」，「芳菊開林耀」，「我來淹已彌」，皆不渾成，習氣未除耳。昔人論詩，多標古人佳句，已經標出，吾不更贅。今但指古人疵處，使人知所避耳，非敢刻於古人也。宋齊以下，競尚靡麗，累句猶多，吾不瑕指之矣。（註二六）

所謂「指古人疵處，使人知所避耳」，正是摘句批評者所以摘取壞句和好壞參半句（好壞參半句有「壞」的成分，也在當避之列）的緣故。換句話說，摘句批評者以好句作爲「正例」，而以壞句和好壞參半句作爲「反例」，來示人以「作詩之道」。

至於摘句批評者在選取詩句的方式上，有的取單句，有的取複句（註二七）；有的直接取句，有的先列全詩再取句；有的並取一人句，有的並取他人句，這只是出於一時的方便，沒有什麼特殊的原因可說。

三、批評本質的限定

摘句批評者爲了教人作詩，才來從事摘句批評，這一點我們已經加以證明了。然而，摘句批評者在摘句批評中爲什麼要「以價值的評估爲依歸」？如果摘句批評者在摘句批評中不「以價值的評估爲依歸」，是否就不能達到教人作詩的目的？這是現在我們所要探討的問題。

就理論來說，實際批評主要成分是詮釋和評價，姑且不論詮釋本身是否含有價值判斷在內（註二八），光就實際批評的本質來看，必然要以價值判斷作爲終點。（註二九）因爲實際批評旨在幫助學者欣賞具有獨創性的作品（註三〇），或透過具有獨創性的作品啓示學者從事創作的途徑，它的任務除了闡釋該作品的形式和意義，還要證明它的價值，而這一證明價值的活動，嚴格的說，就是價值判斷。（註三一）可見價值判斷一事，固然要由批評家來主導，但是沒有批評本質的限定，批評家未必就會在意。（註三二）現在我們看到摘句批評者在摘句批評中所以要「以價值的評估爲依歸」，就是有這個限定的緣故。

就實際來說，如果摘句批評者在摘句批評中不評估詩句的價值，就只能闡釋詩句的形式和意義。這樣一來，他所批評的對象，可能是具有獨創性的詩句，也可能是不具有獨創性的詩句，這要讓學者如何遵循？如果學者無從遵循，摘句批評者的目的豈不是要落空了？可見摘句批評者在摘句批評中必須「以價值的評估爲依歸」，這不僅理論上這樣，實際上也是這樣。

正因爲批評的本質限定了摘句批評必須「以價值的評估爲依歸」，而摘句批評者也都遵守了這一條「不成文」的規定，所以呈現在我們眼前的摘句批評，才沒有一個不含有價值判斷。有了這點認識，我們就可以繼續探討由價值判斷所衍生的問題。

首先，摘句批評中的價值判斷，有的指向詩句的意義特性，有的指向詩句的語言技巧，有的指向詩句的意義特性和語言技巧，此外就別無所指了。這是因爲詩句是由語言構成的，語言有內涵意義和外延意義。（註三三）通常在不分別內涵、外延，而只說意義時，就是指語言的內涵。（註三四）任何人要談論語言，就只能談論語言的意義（內涵），不然就是談論語言本身。這也使得摘句批評者所能據以爲批評的只有構成詩句的語言意義或語言本身。又因爲摘句批評中所摘取的都是特殊的詩句，而構成這些詩句的語言，不是意義特別，就是語言本身特別，不然就是意義和語言本身都特別，以至一切價值判斷要指向它們。換句話說，摘句批評中的價值判斷所以有的指向詩句的意義特性、有的指向詩句的語言技巧、有的指向詩句的意義特性和語言技巧，此外別無所指，這是受到構成詩句的語言的牽制，再高明的摘句批評者也無從加以改變。雖然如此，摘句批評者也有選擇的自由，就是當構成詩句的語言意義和語言本身都特別時，他可以選擇意義給予價值的評估，也可以選擇語言本身給予價值的評估。這一點，我們在摘句批評者逕行摘句批評時，還不容易察覺，但是在摘句批評者「批評」別人的批評時，就很容易看出來了。如：

（謝榛云）「韋蘇州曰：『窗前人將老，門前樹已秋。』白樂天曰：『樹初黃葉日，人欲白頭時。』司空曙曰：『雨中黃葉樹，燈下白頭人。』三詩同一機杼，司空爲優：善狀目前之景，無限淒感，見於言表。」余所見與茂秦不同，司空意盡，不如樂天有餘。味初字欲字，妙有含蓄，老淚暗流，情景難堪，更深一層。（註三五）

林和靖〈梅花〉詩：「疏影橫斜水清淺，暗香浮動月黃昏。」《葦航紀談》云：「黃昏以對清淺，乃兩字，非一字也。月黃昏，謂夜深香動，月爲之黃而昏，非謂人定時也。蓋晝午後陰氣用事，花房斂藏，夜半後陽氣用事，而花敷蕊散香，凡花皆然，不獨梅也。」其解固是，然和靖以此詠梅，愚意以爲不甚允協。蓋南唐江爲已先有句云：「竹影橫斜水清淺，桂香浮動月黃昏。」細玩其情形理致，殊覺一字難移，恰是竹桂。即就「月爲之黃而昏」一解論之，亦自是桂花，不是梅花。而古今誦之，不辨未詳耶？抑附和盛名耶？吾不能無間然矣。（註三六）

謝靈運夢見惠連而得「池塘生春草」之句，以爲神助。《石林詩話》云：「世多不解此語爲工，蓋欲以奇求之耳。此語之工，正在無所用意，猝然與景相遇，借以成章，故非常情所能到。」冷齋云：「古人意有所至，則見于情，詩句蓋寓也。謝公平生喜見惠連，而夢中得之。此當論意，不當泥句。」張九成云：「靈運平日好雕鐫，此句得之自然，故以爲奇。」田承君云：「蓋是病起，忽然見此爲可喜而能道之，所以爲貴。」予謂天生好語，不待主張苟爲，不然雖百說何益？李元膺以爲「反覆求之，終不見此句之佳」，正與鄙意暗同。蓋謝氏之誇誕，猶存兩晉之遺風，後世惑于其言，而不敢非，則宜其委曲之至是也。（註三七）

以上第一則中所引韋應物等三人詩句，本來同一旨意，而摘句批評者在評斷它們的高下時，跟前一摘句批評者稍有差別，他不以詩句的語言技巧（善狀目前之景）爲依據，而轉以詩句的意義特性（含蓄不露）爲依據。第二則中所引林逋詩句，古今吟誦不置，而摘句批評者獨排眾議，認爲它的語言技巧欠佳（不足以詠梅），不該給予太高的評價。第三則中所引謝靈運詩句，頗獲後人贊賞，而摘句批評者卻以爲它談不上有什麼意義特性（流於主張苟爲）和語言技巧（跡近誇誕），不必刻意加以迴護。這裏雖然涉及一個價值判斷不一的問題（以後我們會談這個問題），但是對於摘句批評者擁有選擇評價依據的自由，總算讓我們「見識」到了。

其次，透過摘句批評中的價值判斷，我們看到詩句的價值有正負兩極，以及等級順序。這是因爲詩句的價值（意義特性和語言技巧）跟其他事物的價值，在「存在」的層次上是相同的，而我們已經知道事物的價值不是事物本身，也不是事物的元素，而是事物所擁有的獨特屬性或性質。（註三八）事物所擁有的獨特屬性或性質，有的能引起人的希求，有的能引起人的拒斥。能引起人希求的，就是正面的價值；能引起人拒斥的，就是負面的價值。因此，價值就有了正負兩極的分別。（註三九）如果有人把正面的價值和負面的價值排列在一起，以及把正面的價值或負面的價值依其强弱（人希求或拒斥的程度）排列在一起，這樣價值就顯出三種不同形態的等級順序。在這個前提下，只要有人對事物的價值加以評估，就會出現正負兩極或等級順序中的一種情況。（註四〇）這也使得摘句批評者在評估詩句的價值時，不由自主的要讓它呈現正負兩極或等級順序。換句話說，詩句的價值有正負兩極，以及等級順序，已經「內在」於價值判斷一事中，不是摘句批評者所能左右。雖然如此，摘句批評者也還是有選擇的自由，就是他可以依憑個人的好惡，來更動詩句價值的正負兩極或調整詩句價值的等級順序。這一點，我們無法取得直接的證據，只能就常理來推測「當有此事」。（註四一）這種情況不止會發生在摘句批評者獨自的批評上，也會發生在摘句批評者對舊有批評的「翻案」上。如：

楊蟠〈金山〉詩云：「天末樓臺橫北固，夜深燈火見揚州。」此佳句也。王平甫尚謂其牙人語量四至（註四二），教人如何作詩。（註四三）

石林以老杜「波漂菰米沈雲里，露冷蓮房墜粉紅」為函蓋乾坤句；以「落花游絲白日靜，鳴鳩乳燕青春深」為隨波逐流句；以「百年地僻柴門迥，五月江深草閣寒」為截斷眾流句（註四四），皆未免武斷之失，此亦陷入釋皎然之魔障者也。皎然所列偷語詩例、偷勢詩例、偷意詩例；跌宕格二品，曰越俗，曰駭俗；淈沒格一品，曰淡俗；調笑格一品，曰戲俗，有一語不見笑於大方之家耶？（註四五）

（張繼）〈楓橋夜泊〉云：「月落烏啼霜滿天，江楓漁火對愁眠。姑蘇城外寒山寺，夜半鐘聲到客船。」李于鱗曰：「寒山寺在吳縣西，計有功謂此地有夜半鐘，名無常鐘。歐陽修以為語病（註四六），非也。然亦不止姑蘇有之，于鵠『遙聽維山半夜鐘』，白樂天『半夜鐘聲後』，皇甫冉『夜半隔山鐘』，溫庭筠『無復松窗半夜鐘』，陳羽『隔水悠揚午夜鐘』，乃知唐人詩多用此。」胡元瑞曰：「『夜半鐘聲到客船』，談者紛紛，皆為昔人愚弄。詩流借景立言，惟在聲律之調，興象之合，區區事實，彼豈暇計？無論夜半是非鐘聲，聞否未可知。」（註四七）

以上這些案例（第三則摘句批評者最後引了胡應麟的批評，我們視同他自己的批評），我們不一定要把當事人（摘句批評者）想像成有意跟前人「唱反調」，但是從他們這種不苟同舊有批評的態度上，我們不得不相信摘句批評者的確可以依憑個人的好惡，來更動詩句價值的正負兩極，或調整詩句價值的等級順序。如果有人還要繼續追究摘句批評者爲什麼能這樣作，這就涉及摘句批評者的文化涵養、人生經驗，以及心理狀況等問題，不是我們這裏所能答覆，只好暫時「存而不論」了。

四、語彙系譜的作用

前面兩節，我們探討了摘句批評所以要「以特殊的詩句爲對象」、「以價值的評估爲依歸」的原因。這一節，我們要繼續探討摘句批評爲什麼要「以批評的語言爲媒介」。在實際探討前，我們應該先看看後者跟前二者的「存在」關係。

就摘句批評者的立場來說，他爲了教人作詩，從現有詩篇中選取特殊的詩句加以批評，而在批評中又作了價值判斷，希望能引起學者的心理反應，而達到預期的目的。在這一個「完美」的設計中，顯然還欠缺一樣東西，就是媒介。也就是說，摘句批評者要透過對詩句價值的評估，來達到他教人作詩的目的，必須仰賴某種媒介才行，不然他對詩句價值的評估，只合藏在心裏，不能外現爲具體可察的「對象」，無從對學者產生影響。因此，媒介的重要性，也就不言可喻了。

然而，可供摘句批評者使用的媒介很多（註四八），他爲什麼只選擇批評的語言？可見其中必有原因。現在我們就是要來找尋這個原因。這得先把上面的問題分成兩個層次：第一，摘句批評者爲什麼不選擇其他東西作爲媒介，而選擇語言作爲媒介？第二，語言的種類很多，摘句批評者爲什麼不選擇別的語言，而選擇批評的語言？經過這一分疏，我們發現有關其他東西不被採用作爲媒介的問題，就不再那麼迫切需要解決了。因爲可以作爲媒介的東西太多了，我們要從那裏討論起。既然這個問題無從討論，我們就可以仿照現象學者的作法，暫時把它放入括弧內（註四九），而專心去解決另一個問題。換句話話，摘句批評者選擇不選擇其他東西作爲媒介，已經不重要了，重要的是摘句批評者爲什麼要在眾多語言中選擇批評的語言作爲媒介？這才是我們所要探討的重點。

在第一章緒論中，我們曾經根據語言的本質，把文學和哲學以及科學區分開來，同時也爲文學批評的實際批評找到了定位（主要成分爲詮釋和評價）。然而，這一切都沒有涉及語言的功能問題。也就是說，語言被用來表達（指涉）事物的狀態、宇宙人生的原理和人的情意，或被用來詮釋和評價前面這些對象語言，到底有什麼功能？如果我們不知道語言的功能，又怎麼回過頭去追溯它的發生？（註五〇）現在我們在問摘句批評爲什麼要「以批評的語言爲媒介」，正是要透過批評的語言的功能來追溯它的發生。要透過批評的語言的功能來追溯它的發生，首要工作就是仿照上次再爲語言作個定位。由於這一次是從功能的角度來爲語言定位，不能再簡略的區分對象語言、後設語言以及後設後設語言等幾個範疇，而必須就實際的語言狀況來分類。因此，我們認爲第三章所提到的語言的分類理論，頗能滿足這個需求，而可以「引導」我們找到問題的答案。

根據該理論，語言有指示語句的報導使用（如科學的語言）、指示語句的評價使用（如小說的語言）、指示語句的促使使用（如法律的語言）、指示語句的組織使用（如宇宙論的語言），評判語句的報導使用（如神話的語言）、評判語句的評價使用（如詩歌的語言）、評判語句的促使使用（如道德的語言）、評判語句的組織使用（如批評的語言），規約語句的報導使用（如技術的語言）、規約語句的評價使用（如政治的語言）、規約語句的促使使用（如宗教的語言）、規約語句的組織使用（如宣傳的語言），組合語句的報導使用（如邏輯的語言）、組合語句的評價使用（如修詞的語言）、組合詞句的促使使用（如文法的語言）、組合語句的組織使用（如形而上學的語言）等十六種形態。（註五一）這十六種形態，雖然不容易全數掌握，但是每人各自熟悉其中幾種形態，應該是不成問題的。這樣有關摘句批評者所以不選擇別的語言，而選擇批評的語言，也就有「蹤跡」可循了。換句話說，我們把摘句批評所以不選擇別的語言，而選擇批評的語言這一問題，放在整個語言形態的架構上來考察，應該很快就能找出它的原因。

為什麼是這樣？我們不妨從摘句批評者是否可以不使用批評的語言這一點看起。就摘句批評這件事來說，摘句批評者不使用批評的語言，就只能使用敘述的語言（指示的表達）或說解的語言（組合的表達），但是敘述的語言或說解的語言，都不能達到摘句批評者的目的（這在前面已經證明過了），最後還是要使用批評的語言。因為詩句本身已經對事物有所評價（旨在引起讀者的共鳴），評價的好壞，還須要再評價，才能引導學者給予重新組織，而有利於他往後的創作。摘句批評者要完成這一

「評價的評價」的任務，除了使用批評的語言，還能使用什麼語言？這樣一來，上面的架構就發揮了作用，它會「刺激」我們繼續思考一個問題，就是我們以爲摘句批評要評估詩句的價值，所以才要使用批評的語言，反過來說，摘句批評者所以要使用批評的語言，就是爲了評估詩句的價值，這就變成「詮釋的循環」（註五二），而忽略了批評的語言「多樣化」一個事實。也就是說，批評的語言有無數種，而摘句批評者爲什麼要使用「這」一種而不使用「那」一種？這是不是在暗示我們摘句批評所以要「以批評的語言媒介」的原因，不在「爲了評估詩句的價值」一事中？其實，這也不難想像，如果說摘句批評者認爲要評估詩句的價值，必須使用批評的語言，照理他也要考慮在衆多批評的語言中到底使用那一種才恰當？當摘句批評者在考慮使用那一種批評的語言才恰當時，就不再是「爲了評估詩句的價值」一事所能解釋了，應該還有更基本的原因。這跟其他人所以選擇某種語言表達事物，我們不能在事物本身爲它找尋原因，而必須別有解釋的道理是一樣的。既然如此，摘句批評所以要「以批評的語言爲媒介」的原因，只有到摘句批評者身上來找尋了。

這就得從語言的表義過程談起。根據近代人的研究，語言的表義過程有賴於兩條軸的作用：一條是毗鄰軸（水平軸），一條是聯想軸（垂直軸）。（註五三）毗鄰軸是具體可見的「語句次序」，聯想軸是隱藏不見的「語彙系譜」，而「語句次序」所以可能，就是有「語彙系譜」的關係。換句話說，沒有「語彙系譜」的作用，「語句次序」就不可能發生。現在我們所看到摘句批評中的批評的語言，已經完成了一個個「語句次序」，我們想要探究它們的來源，不從「語彙系譜」著手是不可能了。

這個「語彙系譜」存在那裏？毫無疑問的，它存在摘句批評者的腦海裏。每當摘句批評者須要使用某一語彙時，就得先在他的「語彙系譜」中界定該語彙的涵義，才能派上用場。如摘句批評者要使用「佳」、「妙」、「好」或「拙」、「惡」、「劣」中的一個語彙，他必然要把該語彙放在由「佳」、「妙」、「好」或「拙」、「惡」、「劣」等所構成的系譜裏，去界定它的涵義，才會讓它正式「登場」。由於摘句批評者原先所建構的「語彙系譜」不一定相同（註五四），而在實際選用語彙的過程中，又有「心理因素」（如偏愛、成見）的介入（註五五），以至呈現在我們眼前的批評的語言，自然就「五花八門」了。

有「語彙系譜」的作用這一點作爲前提，由「以批評的語言爲媒介」所分出的兩個現象，也就容易解釋了。首先，我們看批評的語言所依據的準則，有的是詩句的意義特性，有的是詩句的語言技巧，有的是詩句的意義特性和語言技巧，這沒有別的原因，正是「語彙系譜」的深一層作用。也就是說，摘句批評者根據他對詩句價值的認識，然後從他的「語彙系譜」選用語彙來加以批評。換句話說，摘句批評者的「語彙系譜」中，早已有評定詩句價值的準則（語彙），一旦跟詩句接觸，才能適時的「捕捉」到該詩句的價値（反過來說，詩句的價值「信息」，在摘句批評者的「語彙系譜」中得到了界定，才會被摘句批評者「提」出來）。這我們要藉下列幾段話來說：

詩以意爲主，文詞次之，或意深義高，雖文詞平易，自是奇作。（註五六）

詩在意遠，固不以詞語豐約爲拘。（註五七）

論詩文當以文體爲先，警策爲後。若但取其警策而已，則「楓落吳江冷」，豈足以定優劣？（註五八）

詩以一句爲主，落於某韻，意隨字生，豈必先立意哉？楊仲弘所謂「得句意在其中」是也。（註五九）

語貴含蓄。東坡云：「言有盡而意無窮者，天下之至言也。」山谷尤謹於此。清廟之瑟，一唱三歎，遠矣哉！後之學詩者，可不務乎？若句中無餘字，篇中無長語，非善之善者也；句中有餘味，篇中有餘意，善之善者也。（註六〇）

凡作近體，誦要好，聽要好，觀要好，講要好。誦之行雲流水，聽之金聲玉振，觀之明霞散綺，講之獨繭抽絲。此詩家四關，使一關未過，則非佳句矣。（註六一）

有人主張意義特性重於語言技巧（如第一、二則），有人主張語言技巧重於意義特性（如第三、四則），有人主張意義特性和語言技巧並重（如第五、六則），而這一意義特性，或語言技巧，或意義特性和語言技巧，就以語彙的方式存在摘句批評者的「語彙系譜」中，等到他要從事摘句批評時，就把詩句放在他的「語彙系譜」中加以界定，然後給予「恰當」的評價。

其次，我們看批評的語言出現的方式，有的純用直敘，有的純用比喻，有的並用直敘和比喻，這也是「語彙系譜」的深一層作用。也就是說，摘句批評者在確定詩句的價值後，要把詩句的價值表達出來，這時他會考慮是用直敘（直接表達）？還是用比喻（間接表達）？或是並用直敘和比喻？當他在作這樣的考慮時，直敘、比喩，以及直敘和比喩等三種方式，必然已經以語彙的方式存在他的「語彙系譜」中，他的考慮才有可能。至於直敘、比喩，以及直敘和比喩等三種方式，在什麼情況下「進駐」摘句批評者的「語彙系譜」，我們不得而知。但是我們可以根據某些線索來作一點推測：大家都知道人使用語言的目的，無非是希望引起讀者相同的心理反應，如果他想要讀者看了以後，不必經過聯想，就有所反應，這時他自然會用直敘的方式；如果他想要讀者看了以後，先經過聯想，才有所反應，這時他就會用比喩的方式；如果他想要讀者看了以後，不致有反應「過度」或「不及」，這時他就會並用直敘和比喩的方式。第一種情況，大家都有「同感」，應該不難瞭解；第二種情況，就比較複雜，必須再加以說明。（註六二）我們推想人所以要用比喩，可能是擔心直接說會說不清楚，所謂「夫譬（比）喩也者，生於直告之不明，故假物之然否以彰之。」（註六三）就是這個意思；也可能是覺得直接說很「不過癮」，所謂「比則畜憤以斥言……何謂爲比？蓋寫物以附意，颺言以切事者也。故金錫以喩明德，珪璋以譬秀民，螟蛉以類敎誨，蜩螗以寫號呼，澣衣以擬心憂，席卷以方志固，凡斯切象，皆比義也。至如麻衣如雪，兩驂如舞，若斯之類，皆比類者也。」（註六四）就是這個意思；也可能只是爲了便於盡意達情而已，所謂「《易》之有象，以盡其意，《詩》之有比，以達其情。文之作也，可無喩乎？」（註六五）就是這個意思。至於第三種情況，大概只有一個原因，就是恐怕讀者不瞭解他的意思，所以要直敘和比喩一起使用了。不管摘句批評者的「語彙系譜」是怎麼建構的，我們都可以確定摘句批評中批評的語言的出現方式，所以有直敘、比喩以及直敘和比喩的區別，完全是摘句批評者腦海中「語彙系譜」的作用所造成的。

五、價值判斷的局限

我們已經知道摘句批評者爲了教人作詩，才摘取特殊的詩句加以批評；而在批評中受到批評本質的限定，必須對詩句的價值有所評估；而他所用來評估詩句價值的媒介，又緣自他腦海中「語彙系譜」的作用。這一個過程，摘句批評者是以什麼方式把它「串聯」起來的？而這種方式又如何可能？這是最後我們所要探討的。

對於第一個問題，我們經由摘句批評「以單一的判斷爲手段」這個現象，很快就曉得摘句批評者是以「單一的判斷」這種方式來「串聯」整個過程。但是這不是我們所關注的重點，我們所關注的重點在於第二個問題：這種方式如何可能？仿照前面的說法，就是摘句批評爲什麼要「以單一的判斷爲手段」？這個問題，我們可能不容易馬上找到答案，也許要透過「多重的判斷」對照來看。

多重的判斷，相對的是單一的判斷。它表現在論說的形式上，就不像單一的判斷只有結論，它還有前提，而且前提不止一個。（註六六）多重的判斷，除了作爲結論的價值判斷，至少還有兩個前提：一個是從批評的對象所取得的依據，一個是作爲從批評的對象所取得的依據的依據。（註六七）如近代有人把含有鮮活的意象、巨大的張力、統一的結構等條件的作品，看作好作品（註六八），這時

「好作品」這一判斷，就是結論；而「鮮活的意象、巨大的張力、統一的結構等爲好作品的條件」這一判斷，就是大前提；而「從作品中找到了鮮活的意象、巨大的張力、統一的結構等」這一判斷，就是小前提，這就構成一個「完密」的三段論式。又如有人把能反映社會現實的作品，看作好作品（註六九），這時「好作品」這一判斷，就是結論；而「能反映社會現實爲好作品的條件」這一判斷，就是大前提；而「從作品中找到了反映社會現實的事實」這一判斷，就是小前提，這也構成一個「完密」的三段論式。如果我們根據這個標準來衡量摘句批評，顯然摘句批評是「不合格」的。但是我們能不能根據這個標準來衡量摘句批評？我們看是不能，因爲這個標準根本不足以稱爲「標準」，問題就出在大前提上。論者把「含有鮮活的意象、巨大的張力、統一的結構等」或「能反映社會現實」當作好作品的條件，然而爲什麼「含有鮮活的意象、巨大的張力、統一的結構等」或「能反映社會現實」就是好作品？對於這樣的詰問，論者也許還有辯解的餘地，但是我們用同一「模式」追問下去，勢必造成他理論上的「無窮後退」，而不得不自我瓦解原來的標準性。這樣看來，如果可信，一個判斷就夠了；如果不可信，再多的判斷也沒有用。

現在我們就回到摘句批評的問題上。當初摘句批評者運用單一的判斷，藉著批評的語言，來評估某些特殊詩句的價值，希望引起學者的心理反應。在這個過程中，判斷的方式理當先行存在於理念界（註七〇），而摘句批評者不過是適時的（不論是自覺或不自覺）運用它來從事摘句批評而已。問題是單一的判斷這種方式爲什麼會「進入」理念界，而多重的判斷那種方式就不會「進入」理念界？如果多重的判斷那種方式也進入了理念界，照理摘句批評者也會運用它來從事摘句批評，現在我們看不到摘句批評者運用多重的判斷來從事摘句批評，可以「肯定」多重的判斷那種方式還沒有進入理念界。理由是不是正如前面我們所分析的，多重的判斷中，除了作爲結論的判斷，其他的判斷都是多餘的？其他的判斷既然都是多餘的，還要讓它們跟主要的判斷一起「存在」，豈不是很奇怪？這樣說來，多重的判斷那種方式沒有進入理念界而被摘句批評者運用來從事摘句批評，就不是什麼不可理解的事了。至於單一的判斷這種方式所以會進入理念界，那是緣於人要從事判斷。如果人不從事判斷，就不必來這麼一個「共同約定」，這一點應該不用再多加證明。

由此可見，摘句批評所以要「以單一的判斷爲手段」，是因爲摘句批評者從事摘句批評時只能運用單一的判斷這種方式的結果。又因爲摘句批評者所作的判斷屬於價值判斷，我們就可以把摘句批評者所不能逾越的部分歸爲價值判斷的局限。換句話說，摘句批評者在摘句批評中所以不用多重的判斷，原因在於他所作的判斷是價值判斷，而價值判斷就只能是單一的判斷。也因爲這樣，每一個摘句批評者才要强調自己的判斷「優」於別人的判斷：

謝靈運詩，鮑照比之初日芙蓉，湯惠休比之芙蓉出水，敖陶孫比之東海揚帆、風日流麗。至梁太子〈與湘東王書〉，既謂學謝，則不居其精華，但得其冗長，且謂時有不拘，是其糟粕矣，而必先言謝客吐言天拔，出於自然。鍾嶸《詩品》，既見其以繁蕪爲累矣，而乃云「譬猶青松之拔灌木，白玉之映塵沙，未足貶其高潔」。後人刻畫山水，無不奉謝爲崑崙墟，不敢異議，

> 甚矣，其耳食也。……余嘗取其全集讀之，不但首尾不辨也，其中不成句法者，殆亦不勝指摘：四言如「居德斯頤，積善嬉謔」，又云「悲至難鑠」，又云「戚戚懷瘼」、「韶樂牢膳，豈伊攸便」；六言如「循聽一何矗矗」，又云「誠知運來詎抑」……。（註七一）

> 有強解詩中字句者，或述前人可解不可解不必解之說曉之，終未之信。余曰：古來名句，如「楓落吳江冷」，就子言之，必曰：「楓自然落，吳江自然冷，楓葉則隨處皆冷，何必獨曰吳江？況吳江冷，亦是常事，有何喫緊處？」即「空梁落燕泥」，必曰「梁必有燕，燕泥落下，亦何足取？」不幾使千秋佳句，興趣索然哉？且唐人詩中，鐘聲曰濕．柳花曰香，必來君輩指摘，不知此等皆宜細參，不得強解。甚矣，可爲知者道也。（註七二）

> 唐人不知詩者，無如白香山。〈慈思塔〉詩，李、杜、岑、薛在上，而獨取章八元「迴梯暗踏如穿洞，紹頂躋攀似出籠」之句。徐凝惡詩，亦贊不容口。宋人不知詩者，無如王半山。《百家詩》選王仲初而斥右丞、左司，猶可言也。曹唐之「獨凭紅肌捋虎鬚」、「里地潛擎鬼魅愁」，亦復入選，不幾於好惡拂人之性乎？（註七三）

不論那些被批評的人，是不是會「心服」這樣的批評，我們都可以確定每一個摘句批評者在從事摘句批評時，都會像上面幾位摘句批評者那樣有把握自己的判斷比別人的判斷爲「優」，不然他就不必親自從事摘句批評，而儘管讓給別人去作就行了。更重要的一點是，摘句批評者所以能強調自己的判斷「優」於別人的判斷，正在彼此的判斷都是單一的判斷。如果彼此的判斷不是單一的判斷，而是多重的判斷，摘句批評者就不能作同樣的强調了，因爲彼此依據的前提不同，無從比較孰優孰劣。這樣說，並不表示摘句批評者就可以亂下判斷，背後還是有某些彼此共同遵守的準則，如：

「詩言志」，「思無邪」，詩之能事畢矣。人人知之而不肯述之者，懼人笑其迂而不便於己之私也。雖然，漢、魏、六朝、唐、宋、元、明之詩，物之不齊也。「言志」、「無邪」之旨，權度也。權度立，而物之輕重長短不得遁矣；「言志」、「無邪」之旨立，而詩之美惡不得遁矣。不肯述之者私心，不得遁者定理，夫詩亦簡而易明者矣。（註七四）

詩有內外意，內意欲盡其理，外意欲盡其象，內外意含蓄，方妙。（註七五）

「辭達而已矣」，千古文章之大法也。東坡嘗拈此示人，然以東坡詩文觀之，其所謂達，第取氣之滔滔流行，能暢其意而已。孔子之所謂達，不止如是也。蓋達者，理義心術，人事物狀，深微難見，而辭能闡之，斯謂之達，達則天地萬物之性情可見矣。此豈易易事，而徒以滔滔流行之氣當之乎？以其細者論之，「楊柳依依」，能達楊柳之性情者也；「蒹葭蒼蒼」，能達蒹葭之性情者也。任舉一境一物，皆能曲肖神理，托出豪素，百世之下，如在目前，此達之妙也。（註七六）

紫微公作〈夏均父集序〉云：「學詩當識活法。所謂活法者，規矩備具，而能出規矩之外，變化不測，而亦不背於規矩也。是道也，蓋有定法而無定法，無定法而有定法，知是者則可以與語活法矣。謝元暉有言『好詩流轉圜美如彈丸』，此眞活法也。……」（註七七）

所謂「言志」、「思無邪」、「意含蓄」、「辭達」、「活法」等，應該就是摘句批評者背後共同據以爲判斷的準則。只是各人對「言志」、「思無邪」、「意含蓄」、「辭達」、「活法」等的理解不盡相同（也沒有辦法繼續說明爲什麼合於以上那些條件的詩句就是好詩句），所以在判斷上多少會有一些出入（這種例子我們在前面已經見過不少了）。

至於摘句批評在評估詩句的價值以外，有的有說明詩句的特色或解釋詩句的情境，有的沒有說明詩句的特色或解釋詩句的情境，這就不受價值判斷的限制，而可以由摘句批評者視「須要」來決定。這一點，我們不妨藉下面兩段話來看：

杜少陵詩，止可讀，不可解，何也？公詩如溟渤，無流不納；如日月，無幽不燭；如大圓鏡，無物不現，如何可解？小而言之，如陰符道德，兵家讀之爲兵，道家讀之爲道，治天下國家者讀之爲政，無往不可，所以解之者不下數百餘家，總無全璧。楊誠齋云：「可以意解，而不可以辭解，必不得已而解之，可以一句一首解，而不可以全帙解。」余謂讀之既熟，思之既久，神將通之，不落言詮，自明妙理，何必斷斷然論今道古邪？（註七八）

今人論詩輒云「有意無意，可解不可解」，此二語悞人不淺。吾觀古詩無一字無著，須細心探討，方不墜入雲霧中，則將來詩道有興矣。（註七九）

有人認爲詩「不可解」，有人認爲詩「須細心探討」。認爲詩「不可解」的人，自然就不須要去說明詩句的特色或解釋詩句的情境；認爲詩「須細心探討」的人，自然就須要去說明詩句的特色或解釋詩句的情境。這個道理，再明白也不過了。

現在我們可以完全瞭解摘句批評所以發生以及所以如此的原因了。也就是說，摘句批評所以發生，是因爲摘句批評者要教人作詩；而摘句批評所以如此，是因爲摘句批評者受批評本質的限定，必須對詩句的價值有所評估，而在評估詩句的價值中又受價值判斷的局限，只能採取單一的判斷，並透過「語彙系譜」的作用，選定批評的語言作爲媒介，這就是摘句批評的因果關係。

【註　釋】

註一　這是說我們不瞭解摘句批評所以發生，以及所以如此的原因，就無法判斷摘句批評是否有價值。

註二　有關因果原理的問題，參見亞里斯多德（Aristotle），《形而上學》（未譯者姓名，新竹，仰哲，一九八九年三月），頁五—八；布魯格（W. Brugger），《西洋哲學辭典》（項退結譯，臺北，華香園，一九八九年一月），〈形上因果原理〉條，頁一〇八—一一〇；曾仰如，《形上學》（臺北，商務，一九八七年十月），頁二三四—二七二。

註三　「直接的內在明顯性」，相對的是「間接的內在明顯性」，是指判斷所指涉的事實（摘句批評的原因），直接呈現於理智或感官。有關「直接的內在明顯性」、「間接的內在明顯性」的問題，參見柴熙，《認識論》（臺北，商務，一九八三年八月），頁一八八—一九七；溫公頤，《哲學概論》（臺北，商務，一九八三年九月），頁一〇六—一〇八；註二所引曾仰如書，頁七七—九一。

註四　見嚴羽，《滄浪詩話》，《歷代詩話》本（臺北，藝文，一九八三年六月），頁四五〇。

註　五　見沈德潛，《說詩晬語》，《清詩話》本（臺北，藝文，一九七七年五月）頁六五二。

註　六　我們舉上面兩個例子，只在說明「有句可摘」這一點。其實，摘句批評所摘的詩句，不止「佳句」（好句）一類，這在前章就說過了。而且摘句的「年限」也不是漢魏以後，先秦的《詩》三百篇就有許多詩句被摘來批評。

註　七　見謝榛，《四溟詩話》，《續歷代詩話》本（臺北，藝文，一九八三年六月），頁一三四六。

註　八　至於有人不以這一點爲標準，而別有根據（如胡應麟《詩藪》說：「東京興象渾淪，本無佳句可摘，然天工神力，時有獨至，搜其絕到，亦略可陳。如『相去日以遠，衣帶日以緩』、『浮雲蔽白日，遊子不顧返』、『枯桑知天風，海水知天寒』……皆言在帶衽之間，奇出塵刦之表，用意警絕，談理玄微，有鬼神不能思，造化不能祕者。」（臺北，廣文，一九七三年九月），頁九六—九七）），那只是特例，不足以解釋我們所提出的問題。何況說者對於是否有句可摘，也舉棋不定（除了上面那一段「本無佳句可摘」，又勉爲摘句，胡應麟還有一段跟這一段後半牴觸的話：「漢人詩無句可摘，無瑕可指。」（同書，頁一〇七）），我們怎能據以爲說？

註　九　換作現代人的說法，「有所爲而爲」就是「爲人生而藝術」或「爲藝術而藝術」；「無所爲而爲」就是「無所爲而藝術」（參見顏崑陽，《莊子藝術精神析論》（臺北，華正，一九八五年七月），頁一七二—一八四）。而我們這裏只要以摘句批評代替藝術一詞，就能「據以爲說」了。

註一〇　即使有某些說明此事只在「以資閒談」、「以助談柄」者（歐陽修《六一詩話》說：「居士退居汝陰，而集以資閒談也。」（《歷代詩話》本，頁一五六）查爲仁《蓮坡詩話》說：「回憶三十年來，酒邊燭外，論議所及，足以資暇者，正復不少，并爲述其顚末，以助談柄。」（《清詩話》本，頁五七一）），也不例外，因爲在「以資閒談」、「以助談柄」之中，也含有詩教的意味，只是沒有顯得那麼「道貌岸然」而已。另外，我們所說的詩教，有教人讀詩和教人用詩兩層意思。而教人用詩，又有教人以詩爲處世南針和以詩爲創作借鏡兩層意思。教人讀詩的詩教，多表現在詩集的箋注裏；教人以詩爲處世南針的詩教，多表現在經史子集（包括詩話的理論批評）的引證裏；教人以詩爲創作借鏡的詩教，多表現在詩話的實際批評裏（當然，也兼有教人讀詩和教人以詩爲創作借鏡的，如詩集評點）。摘句批評既然屬於實際批評，這裏所說的詩教，自然是指教人以詩爲創作借鏡。

註一一　見徐增，《而菴詩話》，《清詩話》本，頁五一一。

註一二　見延君壽，《老生常談》，《清詩話續編》本，（臺北，木鐸，一九八三年十二月），頁一七九二。

註一三　見王壽昌，《小清華園詩談》，《清詩話續編》．本，〈序〉，頁一八五二。

註一四　見朱庭珍，《筱園詩話》，《清詩話續編》本，〈序〉，頁二三二五。

註一五　當然，這些話也指理論批評和摘句批評以外的實際批評，但是這不影響我們把它引來印證前面的論題（還有第二章第三節所說的「以示勸戒」、「以獎勵風會」、「以示學者棄取之方」，也跟這裏所說的意思相同，可以一併取來印證）。

註一六　見葛立方，《韻語陽秋》，《歷代詩話》本，頁三一〇。

註一七　見周紫芝，《竹坡詩話》，《歷代詩話》本，頁一九八。

註一八　見註一七所引葛立方書，頁三〇七。

註一九　見劉攽，《中山詩話》，《歷代詩話》本，頁一六九。

註二〇　實際上要找出普通的詩句，可能有困難，我們這裏只是就理論來說；理論上應當有普通的詩句。

註二一　見註七所引謝榛書，頁一四四三。

註二二　見吳喬，《圍爐詩話》，《清詩話續編》本，頁五九二。

註二三　見趙翼，《甌北詩話》，《清詩話續編》本，頁一三一六。

註二四　當然，也有詩人得了佳句而不能成篇的，王世貞《藝苑卮言》說：「唐人有佳句而不成篇者，如孟浩然『微雲澹河漢，疏雨滴梧桐』，楊汝士『昔日蘭亭無豔質，此時金谷有高人』，尉遲斥『夜夜月為青塚鏡，年年雪作黑山花』，每恨不見入集中。」（《續歷代詩話》本，頁一一七六）劉祁《歸潛志》說：「古人多有偶得佳句，而不能立題者。如山谷云：『清鑒風流歸賀八，飛揚跋扈付朱三。』未知可以贈誰。又云：『人得交游是風月，天開圖畫即江山。』亦無全篇。余先子嘗有句云：『推愁不去若移石，呼酒不來如望霓。』又：『半生竊祿魚貪餌，四海無家鳥擇棲。』又：『未解作詩如見畫，常憂讀賦錯呼霓。』」（收於林明德編，《金代文學批評資料彙編》（臺北，成文，一九七九年九月），頁二一四）但是這並不妨礙他對於詩的「經營」，因為「經營」一句詩，跟「經營」一首詩，同樣的耗費心神（甚至有過之而無不及，所謂「吟安一個字，撚斷數莖鬚」、「句句夜深得，心從天外歸」、「吟成五字句，用破一生心」（見註一六所引葛立方書，頁二九八），可以佐證）。況且得了佳句，跟足成全篇，在「成就感」上是一樣的。因此，詩人得了佳句而不能成篇的，並不算是一件憾事。

註二五　摘句批評者在摘句批評時，往往對好句特別感興趣，這也跟詩篇中只有一兩句較為凸出有關（楊萬里《誠齋詩話》說：「唐律七言八句一篇之中，句句皆奇，一句之中，字字皆奇，古今作者皆難之。」（《續歷代詩話》本，頁一五四）胡仔《苕溪漁隱叢話》說，「詞句欲全篇皆好，極爲難得。」（臺北，長安，一九七八年十二月），前集，頁四〇一）方回〈跋尤冰寮詩〉說：「詩不過文章之一端，然必欲佳句膾炙人口，殆百不一二也。，非有上下古今之博識，出入天地之奇思，則雖欲日煆月煉，以求其佳，不能矣。」（收於曾永義編，《元代文學批評資料彙編》（臺北，成文，一九七九年九月），上集，頁一二二））。因此，摘取好句來批評，自然就成爲風尚了。

註二六　見龐塏，《詩義固說》，《清詩話續編》本，頁七三二。

註二七　至於摘句批評者所選取的詩句，以雙句爲最普遍，這跟詩本身傾向於偶章聯辭有關。劉勰《文心雕龍》說：「造化賦形，支體必雙；神理爲用，事不孤立。夫心生文辭，運裁百慮，高下相須，自然成對……至於詩人偶章，大夫聯辭，奇偶適變，不勞經營。」（黃叔琳注本，臺北，商務，一九七七年二月），〈麗辭篇〉，頁三四）演變到後世，不免會有特別講求聲律對偶，甚至爲求好句而專注於一聯的創作。沈德潛《說詩晬語》說：「後人祇於全篇中爭一聯警拔，取青妃白，有句無章，所以去古日遠。」（《清詩話》本，頁六六四）喬億《劍谿說詩》說：「前人標舉一句兩句，以定工拙，乃偶然談次如此，詎意後來學者，盡有句無篇也。」（《清詩話續編》本，頁一一〇〇）

註二八　任何詮釋行爲的產生，必然包括一個詮釋者和一個詮釋對象，而詮釋者在選擇詮釋對象時，已經含有價值判斷在內；然後在詮釋過程中，詮釋者獨鍾於其中某個意義（作品有無數個意義，參見伽達瑪（Hans-Georg Gakamer），《眞理與方法》（吳文勇譯，臺北，南方，一九八八年四月），譯序，頁一—二六；張汝倫，《意義的探究》（臺北，谷風，一九八八年五月），頁一九六—二二九；葉維廉，《歷史、傳釋與美學》（臺北，東大，一九八八年三月），頁一七—五三），又含有第二層次的價値判斷。凡是主張文學批評不一定要涉及評價的人，都有意或無意的忽略這個「

事實」（參見福勒（Roger Fowler），《現代西方文學批評術語》（袁德成譯，四川，人民，一九八七年五月），〈評價〉條，頁八五—八八）。

註二九　參見里德（Herbert Read），〈文學批評的本質〉，收於胡經之、張首映主編，《西方二十世紀文論選》（北京，中國社會科學，一九八九年五月），第四卷，頁四〇九；何冠驥，《借鏡與類比》（臺北，東大，一九八九年五月），頁一五九—一六一。

註三〇　有關「獨創性」的標準問題，固然各人所見不同（參見郭有遹，《創造心理學》（臺北，正中，一九八五年十一月），頁二—五；奧斯本（原名未詳），〈藝術的「創造性」概念〉，收於《當代美學論集》（臺北，丹青，一九八七年四月），頁二四九—二六〇；註二八所引福勒書，〈獨創性〉條，頁一八九—一九一），但是這不妨礙批評家以它作爲批評的依據。

註三一　這是說作品本身不會自顯價值，一切價值都要在批評家「證明」後才發生，而批評家要「證明」作品的價值，必定要以作品的獨創性作爲根據，這無疑就是價值判斷。如果眞要區別彼此的不同，只能說「證明」作品價值的過程，比單一判斷作品價值的過程複雜一些。一旦後者不以單一判斷的形式出現，彼此就沒有什麼差別了。

註三二　批評本質原是批評家「共同約定」所形成的，它反過來又制約了批評家，彼此構成邏輯上的辯證關係。

註三三　外延意義，是指語言所指涉的對象；內涵意義，是指語言所指涉的對象的性質（參見劉奇，《論理古例》（臺北，商務，一九八〇年六月），頁二二—二四；牟宗三，《理則學》（臺北，國立編譯館，一九八六年十二月），頁一三—一四；黃宣範，《語言哲學》（臺北，文鶴，一九八三年十二月），頁一七—一八）。

註三四　參見李安宅，《意義學》（臺北，商務，一九七八年五月），頁五七—五八；早川，《語言與人生》（臺北，文史哲，一九八七年二月），頁四六—四九；戴華山，《語意學》（臺北，華欣，一九八四年五月），頁二〇二—二〇五。

註三五　見田雯，《古歡堂雜著》，《清詩話續編》本，頁七〇九。

註三六　見田同之，《西圃詩說》，《清詩話續編》本，頁七六〇—七六一。

註三七　見王若虛，《滹南詩話》，《續歷代詩話》本，頁六〇九。

註三八　參見方迪啓（Risieri Frondizi），《價值是什麼》（黃藿譯，臺北，聯經，一九八六年二月），頁六；溫公頤，《哲學概論》（臺北，商務，一九八三年九月），頁二四七；唐君毅，《哲學概論》（臺北，學生，一九八九年十月），下冊，頁三九〇—三九一。

註三九　這裏所說的正負兩極，是指「明」的正負兩極。其實，還有「暗」的正負兩極。「暗」的正負兩極，是指人在作正面價值或負面價值的判斷時，已經先假定一個相對的價值的存在，不然就無法進行他的判斷。

註四〇　價值的兩極性和等級性，也是人造成的。人要從事價值判斷，兩極性和等級性就在這一判斷中發生。而弔詭的是，價值的兩極性和等級性一旦發生，又反過來「制約」了人的價值判斷。

註四一　陳俊卿〈碧溪詩話序〉說：「作詩固難，評詩亦未易，酸鹹殊嗜，涇渭異流。浮淺者喜夸毗，豪邁者喜遒警，閒靜之人尚幽眇，以至嫣然華媚無復體骨者，時有取焉，而非君子之正論也。」（黃徹，《碧溪詩話》，《續歷代詩話》本，頁三八九）既然有陳俊卿所說「酸鹹殊嗜」那種情況，就不能排除「進一步」會有我們所說這種情況。

註四二　陳師道《後山詩話》說：「楊蟠〈金山〉詩云：『天末樓臺橫北固，夜深燈火見揚州。』王平甫云：『莊宅牙人語也

，解量四至。』」（《歷代詩話》本，頁一八一）

註四三　見薛雪，《一瓢詩話》，《清詩話》本，頁八八七。

註四四　葉夢得評語，見第二章註三二。

註四五　見潘德輿，《養一齋詩話》，《清詩話續編》本，頁二一〇九—二一一〇。

註四六　歐陽修評語，見第三章第二節。

註四七　見孫濤，《全唐詩話續編》，《清詩話》本，頁八三六。

註四八　摘句批評者可以透過朗誦、歌唱、繪畫、舞蹈，或其他方式（如表情、姿態）來暗示他對詩句價值的評估，以達到教人作詩的目的。在這個過程中，朗誦所發出的音調、歌唱所發出的樂聲、繪畫所顯示的線條、舞蹈所顯示的姿勢，或其他方式所發出所顯示的東西，都變成了摘句批評者評估詩句價值的媒介。

註四九　這就是「存而不論」的方法。參見劉述先，《新時代哲學的信念與方法》（臺北，商務，一九八六年三月），頁九〇—九五；鄔昆如，《現象學論文集》（臺北，黎明，一九八一年五月），頁四—五；沈清松，《現代哲學論衡》（臺北，黎明，一九八六年十月），頁一七五—一七六。

註五〇　這是說人使用語言有一定的目的，希望它能發揮某種功能，而我們想知道該語言是怎麼發生的，也得透過該語言的功能去推測。

註五一　詳見徐道鄰，《語意學概要》（香港，友聯，一九八〇年一月），頁一六五—二一四。

註五二　「詮釋的循環」，簡單的說，就是前提和結論相互解釋，它也是一種有效的詮釋（參見高宣揚，《解釋學簡論》（臺北，遠流，一九八八年十月），頁一三五—一三七；張汝倫，《意義的探究》（臺北，谷風，一九八八年五月），頁一二九—一三〇；錢鍾書，《管錐篇》（未著出版社和出版年月），第一冊，頁一七一—一七二）。但是這種有效是建立在別無更好的詮釋前提下，如果有更好的詮釋，就應該放棄它。

註五三　這是索緒爾（Ferdinand de Saussure）最早提出來的（見索緒爾，《普通語言學教程》（高名凱譯，臺北，弘文館，一九八五年十月），頁一六四—一七〇），到現在還被認爲是「不易之論」（參見巴特（Roland Barthes），《符號學要義》（洪顯勝譯，臺北，南方，一九八八年四月），頁七九—八〇；霍克思（Terence Hawkcs），《結構主義與符號學》（陳永寬譯，臺北，南方，一九八八年三月），頁一九—二〇；古添洪，《記號詩學》（臺北，東大，一九八四年七月），頁三八—四九。

註五四　至於摘句批評者的「語彙系譜」是怎麼建構起來的，就不是我們所能理解了（語彙是人思想意識的主要部分，而歷史環境對它有相當的決定性作用。參見懷特（L. A. White），《文化科學》（曹錦清等譯，臺北，遠流，一九九〇年二月），頁一四一—一七七。摘句批評者所建構的「語彙系譜」，自然也跟他所處的歷史環境脫離不了關係，但是要論到實際的建構過程，就不是我們能力所及了）。

註五五　「心理因素」的介入，並不影響我們所提出的論證，因爲「心理因素」只會影響摘句批評者選用他所偏愛的語彙，而不會動搖「語彙系譜」的存在。

註五六　見註一九所引劉攽書，頁一七〇。

註五七　見范晞文，《對床夜語》，《續歷代詩話》本，頁五〇〇。

註五八　見張戒，《歲寒堂詩話》，《續歷代詩話》本，頁五五四。

註五九　見註七所引謝榛書，頁一三七二。

註六〇　見姜夔，《白石道人詩說》，《歷代詩話》本，頁四四〇。

註六一　見註七所引謝榛書，頁一三四五。

註六二　有人把直敘視爲消極的修辭，而把比喻視爲積極的修辭（見徐芹庭，《修辭學發微》（臺北，中華，一九七四年八月），頁二六—三三及五〇—六八）。消極和積極這一對概念，都含有價值的意味，容易引起誤會，我們這裏就不是這麼說。

註六三　見王符，《潛夫論》，《新編諸子集成》本（臺北，世界，一九七八年七月），〈釋難篇〉，頁一三七。

註六四　見註二七所引劉勰書，〈比興篇〉，頁三六—三七。

註六五　見陳騤，《文則》（臺北，莊嚴，一九七七年三月），頁一二。按：後面這一點，難免跟前二點有重複的地方，但是這也沒有什麼妨礙，因爲它確實是「理」當不可少。另外，有人認爲比喻是建立在心理學「類化作用」（利用舊經驗引起新經驗）的基礎上（見黃慶萱，《修辭學》（臺北，三民，一九八三年十月），頁二二七）。這固然沒有什麼錯誤，但是有關比喻的「心理因素」卻被他忽略了。這下子比喻成了「無因之果」，而越發不可理解。因此，我們這裏所說的，也可以彌補他的不足。

註六六　最常見的是「三段論式」。參見梭蒙（Wesley C. Salmon），《邏輯》（何秀煌譯，臺北，三民，一九八七年四月），頁三〇—九五；勞思光，《思想方法五講》（香港，友聯，未著出版年月），頁七六—八六；殷海光，《邏輯新引

》（香港，亞洲，一九七七年十二月），頁九四—一〇七。

註六七 作爲從批評的對象所取得的依據的依據，就是整個論說形式的大前提。這個大前提會隨著各人主張的不同而不同（參見門羅（Thomas Munro），《走向科學的美學》（安宗昇譯，臺北，五洲，一九八七年五月），頁七二—九〇；朱狄，《當代西方美學》（臺北，谷風，一九八八年十二月），頁四七九—六〇五；英伽登（Roman Ingarden），〈藝術的和審美的價值〉，收於註二九所引胡經之、張首映主編書，第三卷，頁二—一五；格倫（T. M. Greene），〈藝術批評底性質與標準〉，收於劉文潭，《現代美學》（臺北，商務，一九八七年五月），附錄四，頁三四三—三五一；姚一葦，《藝術的奧祕》（臺北，開明，一九八五年十月），頁三四九—三九一）。這一點，只要看看達達基茲（W. TatarKiewicz）《西洋六大美學理念史》（劉文潭譯，臺北，聯經，一九八九年十月）以及姚一葦《美的範疇論》（臺北，開明，一九八五年三月）二書，就能感受得到。

註六八 這是西方「新批評」家的文學主張。參見衛姆塞特（W. K. Wimsatt）、布魯克斯（Cleanth Brooks），《西洋文學批評史》（顏元叔譯，臺北，志文，一九八四年十二月），頁五六二—六六五；伊格頓（Terry Eagleton），《當代文學理論導論》（聶振雄等譯，香港，旭日，一九八七年十月），頁二〇—五五；威靈漢（John R. Willingham）等，《文學欣賞與批評》（徐進夫譯，臺北，幼獅，一九八八年三月），頁五一—五九。

註六九 這是西方「馬克思主義」批評家的文學主張。參見佛克馬（Douwe Fokkema）、蟻布思（Elrud Ibsch），《二十世紀文學理論》（袁鶴翔等譯，臺北，書林，一九八七年九月），頁七三—一二二；布萊希特（原名未詳），〈論現實主義和形式主義〉，收於註二九所引胡經之、張首映主編書，第四卷，頁二八五—三〇三；伊凡絲（Mary Evans），

《郭德曼的文學社會學》（郭仁義譯，臺北，桂冠，一九九〇年三月），頁三七—五九。

註七〇　「理念」一詞，原是哲學上的術語，本身具有多義性，而其中有一義是指「由觀念所決定的事物之形狀及型式，即其內在而有意義的組織」（見註二所引布魯格書，〈理念〉條，頁三一六—三一七），我們藉它來指稱判斷的方式所以存在的「根源」。它不帶有什麼神祕性，只是眾人「有此約定」罷了。

註七一　見汪師韓，《詩學纂聞》，《清詩話》本，頁五四六—五四九。

註七二　見吳雷發，《說詩菅蒯》，《清詩話》本，頁一一五一—一一五二。

註七三　見陳僅，《竹林問答》，《清詩話續編》本，頁二二五〇。

註七四　見註四五所引潘德輿書，頁二〇〇六。

註七五　見楊載，《詩法家數》，《歷代詩話》本，頁四七六。

註七六　見註四五所引潘德輿書，頁二〇三五—二〇三六。

註七七　見劉克莊，《江西詩派小序》，《續歷代詩話》本，頁五八四—五八六。

註七八　見註四三所引薛雪書，頁九〇五。

註七九　見註一一所引徐增書，頁五二三。

第五章　詩話摘句批評的功能

一、釋　題

前面我們曾經把摘句批評的目的，分為摘句批評本身的目的和摘句批評者的目的。摘句批評本身的目的，在摘句批評完成後就達到了；而摘句批評者的目的，在摘句批評完成後卻不一定會達到。因為有摘句批評者的目的在，而這個目的又不一定會達到，所以就發生了功能的問題。換句話說，摘句批評本身的目的，在摘句批評完成後已經達到了，不必再跟第三者發生關係，自然不會有什麼功能的問題；但是摘句批評者的目的在摘句批評完成後，還要跟第三者發生關係，而等待對方的反應，這就會有功能的問題。因此，我們標題所說的功能，就是指摘句批評者期望於摘句批評所能發揮的功用效能。我們把這個問題提出來討論，對於摘句批評一事才有完整的交代。

雖然如此，我們還是不能忽略一個事實，就是摘句批評能發揮摘句批評者「期望」中的功能，也能發揮摘句批評者「非期望」中的功能。因此，我們所說的功能，自然也要包含摘句批評者「非期望」中的功能。這跟前者的差別在於它是意外獲得的，可以稱爲附屬的功能。（註一）不過，它既然稱爲附屬的功能，我們在討論的過程中，就不能跟前面所說的功能相混，必須有一個清楚的畫分。

接著我們要設法來進行這次的討論。首先，我們必須假定有人看過摘句批評，而且有所反應（不論是好是壞）。如果沒有人看過摘句批評，或看過摘句批評沒有反應，摘句批評者的目的就完全落空，這時摘句批評者所期望於摘句批評的功能也無從發揮。因此，這一部分只能就有人看過摘句批評，而且有所反應這種情況來論說。

其次，我們必須在摘句批評的附屬功能中作一些選擇。如果不作一些選擇，這一部分也很難論說，因爲摘句批評的附屬功能，可能無止盡，會讓我們怎麼說都是挂一漏萬。

最後，我們必須把功能限定在正面的功能，而排除負面的功能。如果不排除負面的功能，就得把負面的功能的各種狀況都加以處理（註二），這將不是我們的能力所能勝任。

在這些前提下，我們認爲摘句批評具有開啓後進創作的途徑、提供批評家攻錯的機會，以及延續詩句的生命等功能（後兩點是摘句批評的附屬功能）。因此，我們就在下列各節中，依次以「可以開啓後進創作的途徑」、「可以提供批評家攻錯的機會」以及「可以延續詩句的生命」爲題，實地進行討論。

二、可以開啟後進創作的途徑

摘句批評者對於他所作的摘句批評，能引起學者相同的心理反應一事，應該有相當的把握；而學者對於他在摘句批評者的「引導」下，能把摘句批評者所摘的詩句加以衡量，並且把摘句批評者由那些詩句引發的心理反應，給予重新組織一事，也應該有相當的信心。如果是這樣，摘句批評者的目的就達到了。我們到底能不能肯定這一點？只要不是硬性限定摘句批評者發出一個「信息」，學者就要接收無誤（這幾乎是不可能的事），我們應該可以給予肯定。也就是說，摘句批評者的用心不會白費，摘句批評的確可以開啓學者創作的途徑。

我們所以作這樣的論斷，不必祈求學者爲我們作證（何況學者也不在我們面前），也不必引用下面的言論來爲我們作證：

> 國朝詩教肇興，漁洋、靜志居二家，評騭最爲允當。閩中葉思菴先生，與阮亭、竹垞生同時，同以詩名……而詩話二卷，上下數千年，如指諸掌。觀其捃摭廣博，探索隱微，將古今人之詩魄，悉攝而著之紙上，間有是非，皆歸平允，是即祖述孔、孟論詩之旨，與後世之哆口而談者，固不啻霄壤。（註三）

> 凡詩之作，由人心生也。是故人心正而詩教昌，詩教昌而世運泰；浮囂怪僻纖淫之詩作，而人

心世運且受其敝。今潘子之書，必求合於溫柔敦厚、興觀群怨之旨，是古今運會之所系，人人之心所迫欲言者，特假潘子之手以書之云爾。潘子既不得私爲一家言，余交潘子久，於其言深有取焉，亦非余之阿潘子也。天下之公言，當與天下共傳之。（註四）

自宋、元以來，作者林立，求其話之足據，書之可傳，蓋寥寥焉。吳江陸君藝香，以名茂才稱詩吳中，與余交最久。頃郵示其所爲《問花樓詩話》，余讀之，有三善焉：守師說，善一；述祖德，善二；實事求是，不拘故常，不侈標榜，善三。其言簡而賅，質而當，信藝林之佳話，詩壇之傳書也。（註五）

這些言論，不論是不是含有大量的情緒成分（「溢美」），都不能作爲摘句批評者的目的已經達到的證據，因爲說這些話的人，是在「模擬」學者接受影響的情況，實際上不一定會發生。既然以上這些看來是最「直接」的證據，我們都不採用，那我們憑什麼說摘句批評可以開啓學者創作的途徑？

這個問題，我們要分三點來說：第一，學者要學作詩，他可以摘取前人的詩句來細加揣摩（「凡作詩之人，皆自抄古今詩語精妙之處，爲隨身卷子，以防苦思，作文興若不來，即須看隨身卷子以發興也。」（註六）就是這個道理），也可以閱讀前人的理論批評來拓廣思路（所謂「學詩者前望古人，方無所憑藉，忽得諸家之說以橫踞乎其中」（註七）而得以啓發思路），還可以透過其他途徑來「相互支援」（註八），但是都不如看實際批評來得直接而有效。底下有段話可以藉來說明這一點：

今人好看前哲批點諸集，及諸家選本評論，各種詩話詩法，以求作詩路徑，而不知虛心請業於名師鉅手。不知自古迄今，所有選家詩家，評語緒論，並詩話中標舉議論法程，皆古人糟粕而已，原非精華所在。況眞僞不一，是非互見，絕無盡美盡善者。（註九）

這裏論者固然可以這樣「一竿子打落一船人」，但是他沒有想到學者爲什麼要藉這些評點諸集、選本評論、詩話詩法（包含實際批評）來求作詩路徑，是不是這些評點諸集、選本評論、詩話詩法能讓他們很快的學會作詩？如果是這樣，實際批評的功能就「非同小可」了。而我們所談的摘句批評，又是實際批評中最基本的批評，可以比別的實際批評提供學者更具體的創作途徑（我們已經知道創作多從一句或一聯開始，而摘句批評正好可以滿足學者「知」的需求）。

第二，摘句批評的對象，有好句，有壞句，有好壞參半句，摘句批評者都一一加以價値的評估，學者不但有「正例」可以仿效，也有「反例」可以借鏡，再也沒有比這個更令人稱便了。當然，我們不排除有人會提出存在摘句批評間的一些「歧見」（對象一樣，評價不同）來質疑這一點。但是這並沒有什麼妨礙，因爲「歧見」本來就是一種正常的現象：

人情好尚，世有轉移，千載悠悠，將焉取正？自梁以後，習尚綺靡，昭明《文選》，家視千金之寶，初唐以後，輒吐棄之。宋人尊杜子美爲詩中之聖，字型句矱，莫敢輕擬，如「自鋤稀菜甲，小摘爲情親」，特小小結作語；「不知西閣意，更肯定留人」，意更淺淺，而一時何贊之甚？竊謂後之視今，亦猶今之視昔，即余之所論，亦未敢以爲然也。（註一〇）

而學者遇到這種情況，相信也會慶幸有更多的選擇機會（學者也許會稍爲遲疑，但是比起有更多的選擇機會，這點遲疑又微不足道了）。這樣說來，「歧見」的存在，不但不會構成障礙，反而會增強摘句批評的影響力。

第三，通常實際批評都會有一個評得精確不精確的問題（「詩之有評，猶醫之有方也。評不精，何益於詩？方不靈，何益於醫。然惟善醫者能審其方之靈；善詩者能識其評之精，夫豈易言也哉！」（註一一））不過，這是讀者自己的感覺，跟批評家沒有關係（批評家不會承認自己評得不精確）。如果學者也看出摘句批評有評得不精確的地方，是不是就會抵銷摘句批評的功能？我們認爲不會，因爲學者有「能力」看出摘句批評評得不精確，表示他的「品味」或「鑑賞力」已經提昇了，這時他會更加警惕自己不在作品中留下可以讓人肆意批評的「瑕疵」，這樣摘句批評對他同樣也有正面教育的功能。底下有幾段話說：

宋人作詩極多蠢拙，至論詩則過于苛細，然正供識者一噱耳。如嚴維「柳塘春水漫，花塢夕陽遲」，此偶寫目前之景，如風人榛苓、桃棘之義，實則山不止于榛隰，不止于苓園，亦不止于桃棘也。劉貢父曰：「『夕陽遲』則係『花』，『春水漫』不須『柳』。」漁隱又曰：「此論非是。『夕陽遲』乃後于『塢』，初不係『花』。以此言之，則『春水漫』不必『柳塘』，『夕陽遲』豈獨『花塢』『哉！』」不知此酬劉長卿之作，偶爾寄興于夕陽春水，非詠夕陽春水也。夕陽春水，雖則無限，花柳映之，豈不更爲增妍！倘云野塘山塢，有何味耶？……又如「袖中諫草朝天去，頭上花枝待燕歸」，以「諫草」對「花枝」，雖亦近纖，乃曰：「進諫必以章疏

，無用藁之理！」安知章疏不已上達而留藁袖中？吹毛何太甚也。（註一二）

劉希夷「西北風來吹細腰，東南月上浮纖手」，鍾云：「『吹細腰』，腰益細；『浮纖手』，手益纖。」此種魔解最多，害詩家正氣，偶摘發之。（註一三）

西崖先生云：「詩話作而詩亡。」余嘗不解其說，後讀《漁隱叢話》，而歎宋人之詩可存，宋人之話可廢也。皮光業詩云：「行人折柳和輕絮，飛燕含泥帶落花。」詩佳矣。裴光約呰之曰：「柳當有絮，燕或無泥。」唐人：「姑蘇城外寒山寺，夜半鐘聲到客船。」詩佳矣。歐公譏其夜半無鐘聲。作詩話者，又歷舉其夜半之鐘，以證實之。如此論詩，使人夭閼性靈，塞斷機括，豈非「詩話作而詩亡」哉？或贊杜詩之妙。一經生曰：「『濁醪誰造汝？一醉散千愁。』酒是杜康所造，而杜甫不知，安得謂之詩人哉？」癡人說夢，勢必至此。（註一四）

如果學者也像這幾位摘句批評者「有辦法」看出前人評詩太過苛細，未嘗不是一件好事。這樣一來，他可能會把被前人評價不高的詩（在他的評價剛好相反）當作仿效的對象，也可能會進一步想到該詩所以遭到惡評的「誘因」而引以爲戒。因此，不論摘句批評評得精確不精確，都無礙於它可以開啓學者創作的途徑這一功能。

根據以上三點，我們不必學者來「現身說法」，也不必爲詩話作序的人來「强力作證」，也能肯定摘句批評的確可以引導後進從事創作，而摘句批評者的旨意終究不會被辜負，因爲這是「理有必然」，誰也改變不了（而少數學者的「現身說法」或爲詩話作序的人的「强力作證」，引來了也不過是在爲它增添一二個「例證」而已）。

三、可以提供批評家攻錯的機會

有關摘句批評者從事摘句批評的目的，只要有學者看過摘句批評而且有所反應，我們就肯定他一定會達到，這在前一節已經談過了。接著我們要看看隨著摘句批評的出現所產生的一些附屬的功能。這跟摘句批評者固然沒有直接的關係，卻也是他「一手」造成的，我們還得把這份功勞算在他身上。

由於摘句批評所帶來的附屬的功能，不確定有多少，我們只能根據我們對它的瞭解，選定一二個比較重要的來討論。這一節，我們準備討論的是摘句批評對批評界的作用。摘句批評對批評界的作用，最明顯的是會吸引更多的人來參與實際批評，確切一點的說，就是可以提供攻錯的機會給當世或後世的批評家。這一點，得從前面所提到的「語彙系譜」談起。

我們已經知道摘句批評者從事摘句批評，最後一個步驟是透過他腦海中「語彙系譜」的作用，選定適當的語彙來表達。這時彼此「語彙系譜」的同一與否，就會影響到摘句批評的附屬功能。也就是說，摘句批評者各自的「語彙系譜」不同或差距過大，所作的摘句批評就不容易獲得對方的贊同，而輕者只是「當場」遭到反駁，重者就會引起一場又一場的筆戰。這種例子，我們已經見過很多了。

除了「語彙系譜」不同會影響摘句批評的附屬功能，還有別的因素也會影響摘句批評的附屬功能，如「嗜好」就是其中一個：

人之於詩，嗜好往往不同。如韓文公讀孟東野詩，有「低頭拜東野」之句。唐史言退之性倔強，任氣傲物，少許可，其推讓東野如此。坡公讀孟郊詩，有云：「初如食小魚，所得不償勞。又如食蟛蝛，竟日嚼空螯。」二公皆才豪一世，而其好惡不同若此。元次山有云：「東野悲鳴死不休，高天厚地一詩囚。江山萬古潮陽筆，合臥元龍百尺樓。」推尊退之而鄙薄東野至矣。此詩斷盡百年公案。（註一五）

文章聲價自定，嗜好終是難齊。如老杜「風急天高」、「玉露凋傷」、「老去悲秋」、「昆明池水」四篇，寧非佳詩，必欲取爲全唐壓卷，固宜來黠者之揶揄也。鍾生曰：「老杜至處不在此。」自是公論。然選《詩歸》終不能全刪，仍取「老去悲秋」、「昆明池水」，此所謂定價也。弇州尤愛「風急天高」一章，固是意之所觸，情文相會，猶宋孝宗獨稱「勳業頻看鏡，行藏獨倚樓」耳。然即此一詩，弇州嫌其結弱，劉須溪則云結復鄭重。平心觀之，弱耶？重耶？恐兩公未免皆膜外之觀也。此詩作于大曆二年夔州時，「艱難苦恨繁霜鬢，潦倒新停濁酒杯」，自是情與境會之言，不經播遷之恨者，固宜以常法律之。（註一六）

「嗜好」經常會投入不小的變數，而强化了摘句批評的附屬功能。但是這還沒有另外一個因素的影響來得大。那個因素，我們「無以名之」，姑且稱它爲「別有用心」：

凡製作槃名，論者心有同異，豈待見利而變哉？或見有佳篇，面雖云好，默生毀端，而播於外，此詩中之忌也。或見有奇句，佯爲沈思，欲言不言，俾其自疑弗定，此詩中之奸也。或見名公巨卿所作，不拘工拙，極口稱賞，此詩中之諂也。諂者利之媒，奸者利之機，忌者利之蠹。然愼交則保名；三者有一，不能無損，如藥加硝黃之類，其耗於元氣者多矣。（註一七）

詩文無定價：一則眼力不齊，嗜好各別；一則阿私所好，愛而忘醜。或心知，或親串，必將其聲價逢人說項，極口揄揚。美則牽合歸之，疵則宛轉掩之。談詩論文，開口便以其人爲標準；他人縱有傑作，必索一瘢以詆之。後生立腳不定，無不被其所惑；吾輩定須豎起脊梁，撐開慧眼，舉世譽之而不加勸，舉世非之而不加沮，則魔群妖黨無所施其伎倆矣。（註一八）

「別有用心」多半來自「利」的趨使，這更會引發反對的聲浪，而無形中把摘句批評的附屬功能升到了最高點。

不論是「嗜好」，還是「別有用心」，都牽涉到一個態度的問題，而大家似乎對它也特別敏感。可是，態度卻又最難捉摸，沒有足夠的證據，誰也不敢確定批評者的態度是否公允。話是這樣說，我們仍然無法否認態度問題，也是摘句批評者無意中「留」在摘句批評上吸引人的一個因素。有了這個因素，會更容易激起其他批評家實地加入「較量」的行列。如果不是這個緣故，我們怎麼解釋摘句批評中某些充滿「火藥味」的撻伐聲？

雖然如此，我們還是樂於見到有更多的人參與討論。這不是爲了藉它來證明「眞理愈辯愈明」這個古老的假設，而是爲了它可以帶給後人反省的機會（一部文學批評史，不正是批評家們不斷自我反省的過程嗎）。這樣說來，摘句批評這個附屬的功能，確實不能因爲它是「附屬」的，就對它有所輕忽。

四、可以延續詩句的生命

如果我們換個角度來看，可能會發現一個事實，就是被摘句批評者摘取來批評的詩句，好像又有了新的「生命」，這跟它當初「誕生」時給人的感覺總是不同。（註一九）這也是摘句批評的附屬功能之一。這一節，我們就是要討論這個問題。

依照現代人的說法，詩剛完成時，只能稱爲「藝術成品」，有人鑑賞後，才能稱爲「美學客體」；而到了「美學客體」，詩的價值才彰顯出來。（註二〇）這個說法固然沒有什麼問題，但是詩在完成後，也不是毫無價值，它的價值只是潛藏在裏面，沒有被發覺而已。換作另一種說法，詩一誕生後，就是一個「活物」，具有讓衆人從不同的角度來詮釋的「能耐」：

詩，活物也。游、夏以後，自漢至宋，無不說詩者。不必皆有當於詩而皆可以說詩，其皆可以說詩者，即在不必皆有當於詩之中，非說詩者之能如是，而詩之爲物不能不如是也。（註二一）

既然如此，詩就不是「有我評估，才有價值」，而是「本來就有價值，經我評估，立刻彰顯出來」。這時詩的價值就會「轉移」到詮釋者身上，而爲詮釋者所受用，而詩的生命也跟著傳了下來。這就是我們所說「延續」一詞的意思。

又因爲詮釋者眾多，所詮釋的結果不一定相同（註二二），這也使得詩的生命不斷在「翻新」（此新字爲中性語詞），而讓旁觀者「歎爲觀止」！底下就有一個例子：

> 牧之於題詠，好異於人。如〈赤壁〉云：「東風不與周郎便，銅雀春深鎖二喬。」〈題商山四皓廟〉云：「南軍不袒左邊袖，四皓安劉是滅劉。」皆反說其事。（註二三）

> 杜牧之作〈赤壁〉詩云：「折戟沈沙鐵未銷，自將磨洗認前朝。東風不與周郎便，銅雀春深鎖二喬。」意謂赤壁不能縱火，爲曹公奪二喬置之銅雀臺上也。孫氏霸業，繫此一戰，社稷存亡，生靈塗炭，都不問，只恐捉了二喬，可見措大不識好惡。（註二四）

> 杜牧之〈赤壁〉詩：「東風不與周郎便，銅雀春深鎖二喬。」說天幸不可恃。〈烏江〉詩：「江東子弟多豪俊，捲土重來未可知。」說人事猶可爲，同意思，都是要於昔人成敗已定事上，翻說爲奇耳。或笑之曰：「孫氏霸業，繫此一戰，今社稷生靈都不問，只恐捉了二喬，可見措大不識好惡。」春謂爲此說者癡人也。到捉了二喬時，江東社稷尚可問哉？（註二五）

> 彥周誚杜牧之〈赤壁〉詩「社稷存亡都不問，只恐捉了二喬，是措大不識好惡。」夫詩人之詞微以婉，不同論言直遂也。牧之之意，正謂幸而成功，幾乎家國不保，彥周未免錯會。（註二六）

小杜〈赤壁〉詩，古今膾炙，漁隱獨稱好異。至許彥周則痛詆之，謂「孫氏霸業，係此一戰，社稷存亡，生靈塗炭，都不問，只恐捉了二喬，可見措大不識好惡。」余意詩人之言，何可拘泥至此！若必執此相責，則汨羅之沈，其後心宗國，若何？……詳味詩旨，牧之實有不滿公瑾之意。牧嘗自負知兵，好作大言，每借題自寫胸懷，尺量寸度，豈所以閱神駿于牝牡驪黃之外！（註二七）

古人詠史，但敘事，而不出己意，則史也，非詩也。出己意，發議論，而斧鑿錚錚，又落宋人之病。如牧之〈息嬀〉詩云：「細腰宮裏露桃新，脈脈無言度幾春。畢竟息亡緣底事，可憐金谷墜樓人。」〈赤壁〉云：「折戟沈沙鐵未銷，自將磨洗認前朝。東風不與周郎便，銅雀春深鎖二喬。」用意隱然，最爲得體。息嬀廟，唐詩稱爲桃花夫人廟，故詩用「露桃」。〈赤壁〉，謂天謂三分也。許彥周乃曰：「此戰係社稷存亡，只恐捉了二喬，措大不識好惡。」宋人之不足與言詩如此。（註二八）

樊川「東風不與周郎便，銅雀春深鎖二喬。」殆絕千古！言公瑾軍功，止藉東風之力，苟非乘風力之便以破曹兵，則二喬亦將被虜，貯之銅雀臺上。春深二字，下得無賴，正是詩人調笑妙語。許彥周謂「孫氏霸業，繫此一戰，社稷存亡，生靈塗炭，都不問，只恐捉了二喬，可見措大不識好惡。」此老專一說夢，不禁齒冷。（註二九）

一首〈赤壁〉詩，被詮釋了又詮釋。它每被詮釋一次，給我們的感覺，豈不也是在變換一次面貌？

現在我們要回到原來的話題。凡是被摘句批評者摘取的詩句，都跟原詩脫離關係而具有獨立自主的生命；而摘句批評者再加以批評，又無異是在更新它的生命。如果摘句批評者不摘取它，它只合在原詩中擔任「局部的任務」，而不能「獨當一面」；不能「獨當一面」，就不能形成自己的「風格」，也就無所謂專屬於它的生命了。還有如果摘句批評者只摘取它，而不加以批評，它也只能維持原來的面貌，不再有更新的機會。正因爲摘句批評者摘取它，又加以批評，它的生命才得以新的面貌出現。如果再有人給予新的評價，它又可以再更新一次。這麼一來，詩句的生命就不止得到純粹的延續，而是轉化或再轉化的延續。這就比讓它留在原詩裏，或只讓它保持同一副面貌要來得有意義。

這一切恐怕都不是摘句批評者所能意料（摘句批評者不過是「無心插柳柳成蔭」）。現在我們把它連同前節所說「可以提供批評家攻錯的機會」一併歸爲摘句批評的附屬功能，列在摘句批評的主要功能下，有關摘句批評一事的「來龍去脈」，總算「有圖可按」了。

【註　釋】

註　一　這好比有些詩人原來只寄望他的詩篇能引起讀者的心理反應，不料卻被批評家摘句來作爲他的「教材」，這就是附屬的功能。

註　二　包括葉燮《原詩》所說「詩道之不能長振也，由于古今人之詩評，雜而無章，紛而不一。」（《清詩話》本（臺北，藝文，一九七七年五月），頁七四五）張元〈西圃詩說序〉所說「詩道之所以日蕪而迄無所底者，則以說詩者誤之也。」（田同之，《西圃詩說》，《清詩話續編》本（臺北，木鐸，一九八三年十二月），頁七四八）這種反功能的狀況，也得處理。

註 三　見秦大士，〈龍性堂詩話序〉，葉矯然，《龍性堂詩話初集》，《清詩話續編》本，頁九二九—九三〇。

註 四　見徐寶善，〈養一齋詩話序〉，潘德輿，《養一齋詩話》，《清詩話續編》本，頁二〇〇四。

註 五　見陳文述，〈問花樓詩話序〉，陸鎣，《問花樓詩話》，《清詩話續篇》本，頁二二九一。

註 六　見遍照金剛，《文鏡祕府論》（臺北，學海，一九七四年一月），頁一一七引王昌齡說。

註 七　見沈德潛，〈杜詩偶評序〉，收於吳宏一、葉慶炳編，《清代文學批評資料彙編》（臺北，成文，一九七九年九月），上集，頁三八七。按：該文是在諷刺學詩者被杜詩諸家注解所誤，我們這裏加以「斷章取義」。

註 八　其他途徑，如涵養情性、充實學問、增加閱歷等（參見劉勰，《文心雕龍》（黃叔琳注本，臺北，商務，一九七七年二月），〈神思篇〉，頁一八—二〇；楊鴻烈，《中國詩學大綱》（臺北，商務，一九七六年十一月），頁一六五—一八三；黃永武，《中國詩學（鑑賞篇）》（臺北，巨流，一九八七年四月），頁二一—五九）。這些都會成為學者的「支援意識」（「支援意識」，參見博藍尼（Michael Polanyi），《意義》（彭淮棟譯，臺北，聯經，一九八六年四月），頁二三—五一），而有助於實地的創作。

註 九　見朱庭珍，《筱園詩話》，《清詩話續編》本，頁二三三八。

註一〇　見陸時雍，《詩鏡總論》，《續歷代詩話》本（臺北，藝文，一九八三年六月），一六九九—一七〇〇。

註一一　見黃昇，〈詩人玉屑序〉，魏慶之，《詩人玉屑》（臺北，商務，一九八〇年五月），頁一。

註一二　見賀裳，《載酒園詩話》，《清詩話續編》本，頁二五二—二五三。

註一三　見毛先舒，《詩辯坻》，《清詩話續編》本，頁八七。

註一四　見袁枚，《隨園詩話》（臺北，漢京，一九八四年二月），頁二四九。

註一五　見俞弁，《逸老堂詩話》，《續歷代詩話》本，頁一五五九—一五六〇。

註一六　見註一二所引賀裳書，頁二六五。按：賀裳所說的「文章身價自定」，主要是取決於「公論」。但是「公論」又要怎樣判定？他卻沒有具體的交代。其實，「公論」很難作為評價的依據（應該還有更可靠的依據才行）；同時「公論」也駁不倒「文章無定價」的論調（陳善《捫蝨新話》說：「文章似無定論，殆是由人所見為高下爾。只如楊大年、歐陽永叔皆不喜杜詩，二公豈為不知文者，而好惡如此。晏元獻公嘗喜誦梅聖俞『寒魚猶著底，白鷺已飛前』之句，聖俞以為此非我之極致者，豈公偶自得意於其間乎？歐公亦云：『吾平生作文，惟尹師魯一見，展卷疾讀，五行俱下，便曉人深意處。』然則於餘人，當有所不曉者多矣。所謂文章如精金美玉，市有定價，不可以口舌增損者，殆虛語耶？」（收於張健編，《南宋文學批評資料彙編》（臺北，成文，一九七八年十二月），頁一〇七）這畢竟是事實，不能以「公論」來加以否定）。然而，這是不是表示文章的價值問題就不能談了？也不盡然。當我們還沒有找到可靠的（可供眾人檢驗的）評價依據前，固然可以說文章的價值是憑各人的好惡來估定的；但是當我們找到可靠的依據後，所估定的價值就不容許私意加以改變。

註一七　見謝榛，《四溟詩話》，《續歷代詩話》本，頁一四七。

註一八　見薛雪，《一瓢詩話》，《清詩話》本，頁八六六—八六七。

註一九　心齋居士〈秋星閣詩話跋〉說：「有以評古人詩為話者，有以教今人作詩為話者。夫古人之詩，即微我之評，亦復何損：若夫教人作詩，則其話爲有功矣。」（李沂，《秋星閣詩話》，《清詩話》本，頁一一七一）這裏所說「古人之詩，即微我之評，亦復何損」，顯然太過消極，不知道「古人之詩，有我之評」，「面貌」就會改變。

註二〇　參見鄭樹森編，《現象學與文學批評》（臺北，東大，一九八四年七月），〈前言〉，頁八—九；伊格頓（Terry Eagleton），《當代文學理論導論》（聶振雄等譯，香港，旭日，一九八七年十月），頁七六—九〇；梅雷加利（原名未詳），〈論文學接受〉，收於胡經之、張首映主編，《西方二十世紀文論選》（北京，中國社會科學，一九八九年五月），第三卷，頁二〇五—二一五。

註二一　見鍾惺，〈詩論〉，收於葉慶炳、邵紅編，《明代文學批評資料彙編》（臺北，成文，一九七九年九月），下冊，頁七六一。

註二二　董仲舒《春秋繁露》說：「詩無達詁。」（《增訂漢魏叢書》本（臺北，大化，一九八八年四月），〈精華篇〉，頁五六七）劉子春〈石園詩話序〉說：「後世詩話，原本品詩之意而爲之者。雖然作者之意，豈能必讀者之意，而悉解之？解而得與解而不得，則姑聽於讀者之意見，不必深求之也。」（余成教，《石園詩話》，《清詩話續編》本，頁一七三六）袁枚〈程綿莊詩說序〉說：「作詩者以詩傳，說詩者以說傳。傳者傳其說之是，而不必其盡合於作者也。如謂說詩之心，即作詩之心，則建安、大曆，有年譜可稽，有姓氏可考，後之人猶不能以字句之迹追作者之心，矧三百篇哉？不僅是也，人有興會標舉，景物呈觸，偶然成詩，及時移地改，雖復冥心追溯，求其前所以爲詩之故而不得，況以數千年之後，依傍傳疏，左支右吾，而遽謂吾說已定，後之人不可復有所發明，是大惑已！」（收於吳宏一、葉慶炳編，《清代文學批評資料彙編》，下集，頁四六四—四六五）董仲舒、劉子春、袁枚所說，就是指這一種情況，所謂「作者之用心未必然，而讀者之用心何必不然」（見譚獻，《復堂詞話》，《詞話叢編》本（臺北，新文豐，一九八八年二月），頁三九七八），而「讀者之用心」又可以因人而異。

註二三　見胡仔，《苕溪漁隱叢話》（臺北，長安，一九七八年十二月），後集，頁一〇八。

註二四　見許顗，《彥周詩話》，《歷代詩話》本（臺北，藝文，一九八三年六月），頁二三一。

註二五　見何孟春，《餘冬詩話》（臺北，廣文，一九七一年九月），頁二九。

註二六　見何文煥，《歷代詩話考索》，《歷代詩話》本，頁五二五。

註二七　見註一二所引賀裳書，頁二五四。

註二八　見吳喬，《圍爐詩話》，《清詩話續編》本，頁五五八。

註二九　見註一八所引薛雪書，頁八九八。

第六章　詩話摘句批評的現代意義

一、釋　題

今人所以沒有給摘句批評較高的評價，主要緣於他們對這種批評方式的誤解，而現在我們已經理出這種批評方式的眞相，當然不能再作出跟他們一樣的判斷。也就是說，我們會給摘句批評較高的評價，而評價的標準也將有明確的提示，可以讓大家來檢驗。這是我們最後的一項工作。

這項工作，自然要接著前一章來談。根據前一章所說，摘句批評「可以開啓後進創作的途徑」、「可以提供批評家攻錯的機會」以及「可以延續詩句的生命」，似乎這就是摘句批評的價值所在。其實不是，因爲「可以開啓後進創作的途徑」、「可以提供批評家攻錯的機會」以及「可以延續詩句的生命」，是摘句批評對「第三者」的作用，不是它的價值所在，它的價值在於它這種批評方式上。換句話說，摘句批評所以「可以開啓後進創作的途徑」、「可以提供批評家攻錯的機會」以及「可以延續詩句的生命」，是摘句批評這種批評方式的運作結果。要說摘句批評有價值，價值就在這種批評方式上。

然而，這種批評方式到底有什麼特別？這就無法僅從它能發揮某些功能看出來，而必須跟另一種批評方式彼此抽象出來互作比較才知道（在實際的運作中，彼此的對象不同，沒有「對應點」，無從比較）。但是，要找那一種批評方式來比較？在中國文學批評的各項實際批評裏，無不是使用跟摘句批評這種批評方式一樣的批評方式：以單一的判斷，透過批評的語言，來達到評估某一對象價值的目的。這樣還有什麼比較的餘地？既然在中國找不到相異的批評方式，看來只有到西方找了。西方文學批評中各項實際批評的批評方式，再也不是使用單一的判斷，而是使用多重的判斷，這就可以取來相互比較了。

在第四章第五節中，我們已經把這兩種批評方式作了簡單的排比，我們發現只要從事批評，就只有使用單一的判斷，此外，多重的判斷並非必要，因爲作爲大前提的判斷，還需要別的判斷作爲它的前提，依此類推，必然形成理論上的「無窮後退」，到頭來只有單一的判斷是唯一必要的。這樣看來，西方文學批評那種批評方式，就不如摘句批評這種批評方式來得必要而有效了。

我們再從兩種批評方式對批評對象施以批評的結果來看，摘句批評這種批評方式使用單一的判斷，直接從批評對象取得依據，這時批評對象還是原來的批評對象；而西方文學批評那種批評方式使用多重的判斷（大前提）不是直接從批評對象取得依據，這時批評對象就不是原來的批評對象。換句話說，摘句批評這種批評方式能維護批評對象的「純粹性」，而西方文學批評那種批評方式就辦不到了。如果說文學批評必須能維護文學的「純粹性」，才算是文學批評，那西方文學批評那種批評方式顯然不如摘句批評這種批評方式來得可靠。

經過這一比較，我們可以看出摘句批評這種批評方式是不可或缺的，而西方文學批評那種批評方式就不一定了。這樣不就凸顯了摘句批評這種批評方式的優異性？既然摘句批評這種批評方式具有不可或缺的優異性，今後從事文學批評的人勢必不能再自絕於使用這種批評方式，不然就不知道他從事文學批評「所爲何來」了。

由於摘句批評這種批評方式，對古人來說沒有「不可或缺」的問題（因爲他們都是使用這種批評方式），這是跟西方文學批評那種批評方式比較後發現的，它只對現代人有意義。也就是說，現代人要從事文學批評，在選擇批評方式時，摘句批評這種批評方式是不可或缺的，理當優先考慮。至於西方文學批評那種批評方式，就不一定要去考慮了。下面兩節，我們將以「成就了一種不可或缺的批評方式」和「維護了批評對象的純粹性」爲題，來說明摘句批評這種批評方式的現代意義，也等於是對它價值的肯定。不過，後面那一節，是這種「不可或缺」的批評方式所帶來的功能，原來這種「不可或缺」的批評方式所帶來的功能不定有多少（如前面所舉「可以開啓後進創作的途徑」、「可以提供批評家攻錯的機會」以及「可以延續詩句的生命」等，也是其中一項），我們舉出它，只是聊爲前面那一節作一點「回應」，不關價值的問題。

二、成就了一種不可或缺的批評方式

從近代以來，不斷有人對中國文學批評不像西方文學批評具有「系統性」（多重的判斷）而深感不滿。在他們的觀念中，「系統性」就是文學批評的標幟；沒有這個標幟，就不是眞正的文學批評。然而，我們不禁要問：文學批評爲什麼要具有「系統性」？具有「系統性」的文學批評又有什麼意義？很遺憾的，沒有人能爲我們解答這個問題。現在我們看到摘句批評的整個運作情況，才知道「系統性」並不是文學批評的必要條件，而且具有「系統性」的文學批評也沒有什麼太大的意義。

爲了證明這一點，我們還得從西方文學批評談起。西方文學批評表面上「派別」林立，實際上都是使用同一種批評方式。這種批評方式最大的特徵（我們這裏純就理論來說，不涉及實例），在於它有一個判斷作爲大前提（假設），而這個大前提通常隱匿在背後，暗中「推動」整個批評工作的進行。如文學作品中有一原始不變的意義（作者的意識對象），就是「現象學批評」的大前提（註一）；文學作品是一個抽象的結構系統（表義系統）的表達，就是「結構主義批評」（或「符號學批評」）的大前提（註二）；文學作品是許多抽象的結構系統的表達，就是「後結構主義批評」（「解構批評」）的大前提（註三）；文學作品是潛意識的象徵，就是「精神分析學批評」（「心理學批評」）的大前提。（註四）有了這個大前提，再從文學作品中找出相關的「事實」，成立第二個判斷作爲小前提，然後綜合前面所說，成立第三個判斷作爲結論，整個過程顯得相當緊密。這也就是它被稱爲具有

「系統性」的緣故。

不過，我們要知道在它所使用的多重的判斷中，只有一個判斷（結論或大前提）是必要的，其他的判斷都是多餘的。原因就在它作爲結論的判斷，已經蘊涵在作爲大前提的判斷中，而作爲小前提的判斷，不過是作爲大前提的判斷到作爲結論的判斷的「橋樑」，事實上只有作爲結論的判斷或作爲大前提的判斷是必要的。換句話說，它對文學作品所作的判斷，不是像作爲結論的判斷那樣，就是像作爲大前提的判斷那樣，不必同時作出兩個判斷（或再加入另一個判斷），否則就會相互「重疊」（同語反覆）。既然多重的判斷不是必要的，「系統性」也就構成不了文學批評的必要條件了。而我們從讀者的角度來看，他要對批評者所批評的文學作品加以衡量，並且對批評者由文學作品所引發的心理反應，給予重新組織，他所關切的是批評者直接從文學作品取得根據所作的判斷。這時如果有不是直接從文學作品取得根據所作的判斷「雜廁其中」，雖然他也看到了，但是無從給予重新組織。現在我們看到西方文學批評那種批評方式所使用的多重的判斷，並不是全部從文學作品取得根據，它所能發揮的功能，跟使用單一的判斷所能發揮的功能，並沒有什麼差別。這麼說來，文學批評具有「系統性」也沒有什麼太大的意義了。

正因爲西方文學批評那種批評方式使用多重的判斷不是必要的，而從事文學批評又不得不有所判斷，這才顯出摘句批評這種批評方式使用單一的判斷是非要不可的。我們想今人所以會詬病摘句批評這種批評方式，不是爲了摘句批評這種批評方式只使用單一的判斷，而是爲了摘句批評這種批評方式所使用的判斷是一個沒有「判斷標準」的價值判斷，這跟西方文學批評那種批評方式爲它的價值判斷（註五）明白提出一個「判斷標準」是「不能相比」的。這個問題，我們在第四章第五節中已經有所分辨，不是摘句批評這種批評方式所使用的價值判斷沒有「判斷標準」，而是「判斷標準」（如「言志」、「思無邪」、「意含蓄」、「辭達」、「活法」等）已經「普遍化」了，不提出來沒有什麼妨礙，提出來反而是多餘的，因爲只有那單一的價值判斷是必要而有效的。

根據以上所說，我們可以確定摘句批評這種批評方式是不可或缺的，而西方文學批評那種批評方式就未必了，兩相比較，前者的價值當然高於後者的價值。由於摘句批評這種批評方式，在古代只是「一種批評方式」，還沒有「不可或缺」的特性；「不可或缺」的特性是在現代才呈顯出來的，所以我們就當它是摘句批評的成就。

三、維護了批評對象的純粹性

摘句批評既然「成就了一種不可或缺的批評方式」，理當也會發揮「新」的功能，我們把它舉出來，正好可以作爲一點回應。但是爲了容易看出摘句批評這種批評方式的特殊處，我們只舉出它對批評對象施以批評的結果一點來說。

如果說文學所指涉的是人的情意，而文學批評也一定要從這一點取得依據，才能成爲文學批評，我們認爲摘句批評這種批評方式能達成這個任務，而西方文學批評那種批評方式就不能了，因爲摘句批評這種批評方式可以有效的維護批評對象的「純粹性」，而西方文學批評那種批評方式作不到這一點。爲什麼？這要從批評對象談起。

批評對象都是語言構成的，要批評這些語言，除了批評語言本身，就只能批評語言的意義。通常批評語言本身，比較不關「純粹性」的問題，而批評語言的意義就大有關係了。我們知道語言的意義有三個層次：「詞語意義」、「句構意義」和「語境意義」（或「外緣意義」）。（註六）在從事批評時，可以從第一層意義取得依據，也可以從第二層意義取得依據，還可以從第三層意義取得依據。不論如何，只要直接從這幾層意義取得依據的批評，都可以說維護了批評對象的「純粹性」。不過，這裏有個限制，就是從「語境意義」取得依據時，不能太過「離譜」，否則就要稍打折扣。這點我們可以藉下面的兩段話來說：

夫詩以抒情，文以貌事，古人立言，終不能外人情事理而他爲異。而後之作者，往往求之情與事之外，求之彌深，失之彌遠，則求之者之過也。（註七）

古之能知詩者，惟孟子爲以意逆志也。夫詩之志至平易，不必爲艱險求之。今以艱險求詩，則已喪其本心，何由見詩之志。（註八）

詩所指涉的是人的情志（詩的意義所在），以詩爲批評對象，不論從那一層意義取得依據，必須明顯的關係「人的情志」，不然就犯了像這裏所指責的「求之情之外」或「以艱險求之」的毛病。「求之情之外」或「以艱險求之」，都是在從「語境意義」取得依據時太過「離譜」的緣故，這就會降低維護詩的「純粹性」的效果。雖然如此，它還是一種有效的方法。

我們看摘句批評這種批評方式只使用單一的判斷，一定要從批評對象取得依據，這對維護批評對象的「純粹性」來說，再有效也不過了。雖然有時它也會減低維護批評對象的「純粹性」的效果（如解釋詩句的情境過於泛濫，變成一種「魔解」或「曲解」。也就是說，它的價值判斷在從「語境意義」取得依據時，出現了偏差），但是它仍不失爲有效的方法。

反觀西方文學批評那種批評方式，就不能有效的維護批評對象的「純粹性」。如有人根據「現象學」的時間範疇理論，來研究中國的山水詩，認爲它是一種空間經驗時間化（在否定中獲得超越的肯定）的運作（註九）；有人根據「結構主義」的「二元對立關係」理論，來分析古樂府〈公無渡河〉，認爲它是以象徵的手法解決人生的難題（註一〇）；有人根據「後結構主義」的美感結構（讀者和作者、作品並例）理論，來詮釋陶淵明〈桃花源詩并記〉，認爲它含有「嚮往」、「放逐」、「匱缺」三要素（註一一）；有人根據「精神分析學」的象徵理論，來探討王融〈自君之出矣〉，認爲它句中「思君如明燭」的「明燭」是男性象徵。（註一二）這些都是運用西方文學批評那種批評方式來批評古詩的例子。它作爲大前提的判斷，根據的不是詩這個對象，而是另一個對象（姑且稱它爲「時間範疇」或「二元對立關係」或「美感結構」或「象徵」）。雖然我們也可以把它所根據的視同詩的「語境意義」，但是這個「語境意義」也未免過於寬泛，跟別的對象的「語境意義」幾乎無法區分（註一三），以至讓人誤以為它批評的不是詩，而是另一個對象。這樣看來，西方文學批評那種批評方式就無法維護批評對象的「純粹性」，最後不得不把有效的維護批評對象的「純粹性」的「美名」，讓給摘句批評這種批評方式了。

【註釋】

註一　參見伊格頓（Terry Eagleton）《當代文學理論導論》（聶振雄等譯，香港，旭日，一九八七年十月），頁五七—六八；鄭樹森編，《現象學與文學批評》（臺北，東大，一九八四年七月），〈前言〉，頁一—三二；杜夫潤（Mikel Dufrenne），〈文學批評與現象學〉，收於鄭樹森編，《現象學與文學批評》，頁五七—八〇。

註二　參見註一所引伊格頓書，頁九一—一二三；佛克馬（Douwe Fokkema）、蟻布思（Elrud Ibsch），《二十世紀文學理論》（袁鶴翔等譯，臺北，書林，一九八七年十一月），頁四三—七一；古添洪，《記號詩學》（臺北，東大，一九八四年七月），頁一九—三〇。

註三　參見註一所引伊格頓書，頁一二四—一四六；卡勒（Jonathan Culler）〈解構主義〉，收於胡經之、張首映主編，《西方二十世紀文論選》（北京，中國社會科學，一九八九年九月）第二卷，頁四八七—五三〇；廖炳惠，《解構批評論集》（臺北，東大，一九八五年九月），頁一—一九。

註四　參見註一所引伊格頓書，頁一四七—一八四；威靈漢（John R. Willinghan）等，《文學欣賞與批評》（徐進夫譯，臺北，幼獅，一九八八年三月），頁九五—一〇五；衛姆塞特（W. K. Wimsatt）、布魯克斯（Cleanth Brooks），《西洋文學批評史》（顏元叔譯，臺北，志文，一九七二年一月），頁六四二—六六五。

註　五　西方文學批評不盡含有「明確」的價值判斷（如上面所舉的「現象學批評」、「結構主義批評」、「後結構主義批評」、「精神分析學批評」等），這裏指的是含有「明確」的價值判斷那一部分（如「新批評」、「馬克思主義批評」）。

註　六　見高友工，〈文學研究的美學問題〉，收於李正治主編，《政府遷臺以來文學研究理論及方法之探索》（臺北，學生，一九八八年十一月），頁一九〇。

註　七　見馮琦，〈于宗伯集序〉，收於葉慶炳、邵紅編，《明代文學批評資料彙編》（臺北，成文，一九七九年九月），下集，頁六〇八—六〇九。

註　八　見張載，〈經學理窟——詩書章〉，收於黃啓方編，《北宋文學批評資料彙編》（臺北，成文，一九七九年九月），頁一六四。

註　九　見王建元，〈現象學的時間觀與中國山水詩〉，收於註一所引鄭樹森編書，頁一七一—二〇〇。另外，見王建元，《現象詮釋學與中西雄渾觀》（臺北，東大，一九八八年二月），頁一三一—一六五。

註一〇　見周英雄，《結構主義與中國文學》（臺北，東大，一九八三年三月），頁八九—一二〇。

註一一　見註三所引廖炳惠書，頁二一—三七。

註一二　見顏元叔，《談民族文學》（臺北，學生，一九八四年二月），頁一一四。

註一三　有人說現代的文學理論不過是社會意識形態的分支，根本沒有任何可以把它同哲學、語言學、心理學、文化的與社會的思想充分地區別開來的單一性或特性（見註一所引伊格頓書，頁一九五）。原因就跟我們這裏所說的一樣。

第七章　結　論

一、主要內容的回顧

我們研究摘句批評的目的，是希望大家不再排棄這種批評方式，而在文中也盡力的證明了這種批評方式的不可或缺。現在我們要把全文主要的內容，總結為五點來說明：

第一，摘句批評這種批評方式在流行了一二千年後，逐漸被東來的西方文學批評那種批評方式所取代。到了今天，這種批評方式幾乎已經變成歷史的「陳跡」。徒使懷舊的人，多了一個憑弔的「對象」；也使趨新的人，多了一個攻擊的「靶子」。然而，在我們的觀念裏，摘句批評這種批評方式並沒有過時，只是大家對西方文學批評那種批評方式充滿了迷思，反過來誤解了這種批評方式的存在意義。因此，我們先為這件事作了一點分辨，指出今人的觀照流於片面、詮釋不夠深入、評斷過度草率以及態度有失公允，作為整個研究工作的開端。

第二，我們根據摘句批評的指涉對象和形式結構，為它勾勒了四個現象：以特殊的詩句為對象、以價值的評估爲目的、以批評的語言爲媒介以及以單一的判斷爲手段，並且爲這四個現象作了詳盡的說明。

第三，我們透過摘句批評的現象，追溯它最初的原因，找到了它所以以特殊的詩句爲對象、以價值的評估爲目的、以批評的語言爲媒介以及以單一的判斷爲手段，是緣於詩教使命的促使、批評本質的限定、語彙系譜的作用以及價值判斷的局限，我們都一一加以妥善的解釋。

第四，我們探討了摘句批評的因果關係後，還推測出摘句批評可以發揮開啓後進創作的途徑、提供批評家攻錯的機會以及延續詩句的生命等功能，肯定它是一種有效的批評方式。

第五，我們把批評方式抽象出來，發現摘句批評這種批評方式是不可或缺的，而西方文學批評那種批評方式就未必不可或缺了。顯然今後從事文學批評的人，還是要優先考慮使用摘句批評這種批評方式，不然就不知道他爲什麼要從事文學批評了。

二、未來的展望

如果摘句批評只是一個獨立的事實，我們的研究工作到這裏就結束了，不需要再有什麼展望。但是摘句批評卻不是一個獨立的事實，還有一些相關的問題值得我們去探討，這就不能不略作一點展望了。也就是說，現在我們只知道摘句批評這種批評方式的實際運作情況，還不知道古人憑什麼能利用這種批評方式來從事批評？而讀者又憑什麼能經由這種批評方式得到感發？還有古人使用這種批評方式背後共同據以為評價的標準又如何可能？這些問題，應該繼續去追蹤探討，以便相互呼應，才不致孤立目前的研究成果。

雖然如此，我們對未來的研究工作仍然不敢大意，因為每一個問題都是千頭萬緒，不比我們過去所面對的問題容易解決。如古人憑什麼能利用這種批評方式來從事批評這個問題，必須透過古人的文化背景、文學素養、審美觀念等層面去瞭解，而這幾個層面都很難捉摸，可以想見我們的研究工作一定不會太順利；又如讀者憑什麼能經由這種批評方式得到感發這個問題，純粹要從讀者立場來作研究，這將沒有什麼直接的證據，而必須廣為推理，才能給予證實，也可以想見我們的研究工作會有不少困難；又如古人使用這種批評方式背後共同據以為評價的標準又如何可能這個問題，就得把那些被用來評價的概念（如「言志」、「思無邪」、「意含蓄」、「辭達」、「活法」等），作一徹底的理解，找出它的代表意義，再作進一步的推測，而這種推測也不可能有太多直接的證據，也可以想見我們的研究工作將有許多阻礙。

不論如何，這都是值得奮力一試的。而我們也會秉著一貫為建樹文學理論的「使命感」，來從事這些研究。至於它會得到什麼迴響，就不是我們所能預料的了。

引用書目及論文（依引用先後次序）

胡　適《我們走那條路？》　臺北　遠流　一九八六年七月
艾斯敦《語言的哲學》　何秀煌譯　臺北　三民　一九八七年三月
布魯格《西洋哲學辭典》　項退結譯　臺北　華香園　一九八九年一月
徐道鄰《語意學概要》　香港　友聯　一九八〇年一月
戴華山《語意學》　臺北　華欣　一九八四年五月
劉　奇《論理古例》　臺北　商務　一九八〇年六月
柴　熙《哲學邏輯》　臺北　商務　一九八八年十一月
古添洪《記號詩學》　臺北　東大　一九八四年七月
沈清松《現代哲學論衡》　臺北　黎明　一九八六年十月
何秀煌《記號學導論》　臺北　水牛　一九八八年九月
趙天儀《美學與語言》　臺北　三民　一九七八年十二月

成中英《科學眞理與人類價值》 臺北 三民 一九七九年十月
趙雅博《文藝哲學新論》 臺北 商務 一九七四年五月
黃宣範《語言哲學》 臺北 文鶴 一九八三年十二月
謝國平《語言學概論》 臺北 三民 一九八六年九月
芮基洛《實用思考指南》 游恆山譯 臺北 遠流 一九八八年四月
勞思光《思想方法五講》 香港 友聯 未著出版年月
伊格頓《當代文學理論導論》 聶振雄等譯 香港 旭日 一九八七年十月
劉若愚《中國文學理論》 杜國清譯 臺北 聯經 一九八一年九月
韋勒克、華倫 《文學理論》 梁伯傑譯 臺北 水牛 一九八七年六月
柯慶明《境界的探求》 臺北 聯經 一九八四年三月
李正治主編 《政府遷臺以來文學研究理論及方法之探索》 臺北 學生 一九八八年十一月
鄭樹森編 《現象學與文學批評》 臺北 東大 一九八四年七月
亞德烈 《藝術哲學》 周浩中譯 臺北 水牛 一九八七年二月
佛克馬、蟻布思 《二十世紀文學理論》 袁鶴翔等譯 臺北 書林 一九八七年十一月
宋 俊 《柳亭詩話》 臺北 廣文 一九七一年九月
永 鎔等 《四庫全書總目提要》 臺北 商務 一九七一年七月

鄭靜若《清代詩話敘錄》 臺北 學生 一九七五年五月
許顗《彥周詩話》《歷代詩話》本 臺北 藝文 一九八三年六月
吳宏一《清代詩學初探》 臺北 學生 一九八六年一月
傅庚生《中國文學批評通論》 臺北 華正 一九八四年八月
阮一閱《詩話總龜》 臺北 廣文 一九七三年九月
蕭子顯《南齊書》 臺北 商務 一九八一年一月
郭紹虞《宋詩話輯佚》 臺北 華正 一九八一年十二月
高辛勇《形名學與敘事理論》 臺北 聯經 一九八七年十一月
姚一葦《藝術的奧祕》 臺北 開明 一九八五年十月
葉慶炳、吳宏一等《中國中典文學批評論集》 臺北 幼獅 一九八五年一月
邢昺《論語正義》《十三經注疏》本 臺北 藝文 一九八二年八月
孫奭《孟子正義》《十三經注疏》本 臺北 藝文 一九八二年八月
孔穎達《禮記正義》《十三經注疏》本 臺北 藝文 一九八二年八月
屈萬里《屈萬里先生文存》 臺北 聯經 一九八五年二月
龔鵬程《文化、文學與美學》 臺北 時報 一九八八年二月
劉義慶《世說新語》《新編諸子集成》本 臺北 世界 一九七八年七月

劉　勰《文心雕龍》　臺北　商務　一九七七年二月
鍾　嶸《詩品》　《歷代詩話》本　臺北　藝文　一九八三年六月
郭紹虞《中國文學批評史》　臺北　文史哲　一九八二年九月
羅根澤《隋唐文學批評史》　臺北　學海　一九七八年九月
羅根澤《晚唐五代文學批評史》　臺北　學海　一九七八年九月
何秀煌《文化·哲學與方法》　臺北　東大　一九八八年一月
張家銘《社會學理論的歷史反思》　臺北　圓神　一九八七年十月
史作檉《哲學人類學序說》　新竹　仰哲　一九八八年二月
黃俊傑編譯　《史學方法論叢》　臺北　學生　一九八四年十月
杜維運《史學方法論》　臺北　三民　一九八七年九月
沈清松《解除世界魔咒》　臺北　時報　一九八六年十月
臺大哲學系主編　《當代西方哲學與方法論》　臺北　東大　一九八八年三月
牟宗三《理則學》　臺北　正中　一九八六年十二月
沈國鈞《人文學的知識基礎》　臺北　大林　一九七八年十月
殷海光《思想與方法》　臺北　水牛　一九八九年十月
周英雄《結構主義與中國文學》　臺北　東大　一九八三年三月

朱光潛《美學詩學與文學》 臺北 康橋 一九八七年一月
黃子雲《野鴻詩的》《清詩話》本 臺北 藝文 一九七七年五月
周 容《春酒堂詩話》《清詩話續編》本 臺北 本鐸 一九八三年十二月
吳雷發《說詩菅蒯》《清詩話》本 臺北 藝文 一九七七年五月
葉 燮《原詩》《清詩話》本 臺北 藝文 一九七七年五月
龐 塏《詩義固說》《清詩話續編》本 臺北 木鐸 一九八三年十二月
比梅爾等《美學的思索》 未著譯者姓名 臺北 谷風 一九八七年六月
黃維樑《中國詩學縱橫論》 臺北 洪範 一九七七年十二月
黃維樑《中國文學縱橫論》 臺北 東大 一九八八年八月
黃永武《中國詩學(鑑賞篇)》 臺北 巨流 一九七六年十月
顏元叔《何謂文學》 臺北 學生 一九七六年十二月
羅根澤《兩宋文學批評史》 臺北 學海 一九七八年九月
龔鵬程《文學批評的視野》 臺北 大安 一九九〇年一月
張 健《中國文學批評》 臺北 五南 一九八四年九月
葉嘉瑩《迦陵談詩二集》 臺北 東大 一九八五年二月
史賓岡《新批評》 吳魯芹譯 《文學雜誌》第二卷第三期 一九五七年五月二十日

福勒主編　《現代西方文學批評術語》　袁德成譯　四川　人民　一九八七年五月
趙滋蕃　《文學與美學》　臺北　道聲　一九七九年八月
克羅齊　《美學原理》　正中編委會重譯　臺北　正中　一九八七年十一月
朱光潛　《文藝心理學》　臺北　開明　一九八八年八月
姚一葦　《欣賞與批評》　臺北　聯經　一九八九年七月
龔鵬程　《文學散步》　臺北　漢光　一九八五年十二月
王世德主編　《美學辭典》　臺北　木鐸　一九八七年十二月
沈　謙　《期待批評時代的來臨》　臺北　時報　一九七九年五月
錢谷融、魯樞元主編　《文學心理學》　臺北　新學識　一九九〇年九月
鄭樹森　《文學理論與比較文學》　臺北　時報　一九八二年十一月
夏志清　《人的文學》　臺北　純文學　一九七九年三月
何冠驥　《借鏡與類比》　臺北　東大　一九八九年五月
葛立方　《韻語陽秋》　《歷代詩話》本　臺北　藝文　一九八三年六月
余成教　《石園詩話》　《清詩話續編》本　臺北　本鐸　一九八三年十二月
王壽昌　《小清華園詩談》　《清詩話續篇》本　臺北　木鐸　一九八三年十二月
林　綠　《文學評論集》　臺北　國家　一九七七年八月

簡錦松《胡應麟詩藪的的辨體論》《古典文學》第一集 臺北 學生 一九七九年十二月
龔鵬程《江西詩社宗派研究》 臺北 文史哲 一九八三年十月
夏濟安〈兩首壞詩〉《文學雜誌》第三卷第三期 一九五七年十一月二十日
葉嘉瑩《迦陵談詩》 臺北 三民 一九八八年十一月
龔鵬程《詩史本色與妙悟》 臺北 學生 一九八六年四月
楊松年《中國古典文學批評論集》 香港 三聯 一九八七年七月
王夢鷗《文學概論》 臺北 藝文 一九七六年五月
劉若愚《中國詩學》 杜國清譯 臺北 幼獅 一九八五年六月
朱東潤《中國文學批評史大綱》 臺北 開明 一九六八年三月
陳祖耀《理則學》 臺北 三民 一九八七年九月
早 川《語言與人生》 柳之元譯 臺北 文史哲 一九八七年二月
黃宣範《翻譯與語意之間》 臺北 聯經 一九八五年十一月
李茂政《大衆傳播新論》 臺北 三民 一九八六年九月
俞建章、葉舒憲《符號：語言與藝術》 臺北 久大 一九九〇年五月
何秀煌《思想方法導論》 臺北 三民 一九八七年十一月
陳 僅《竹林問答》《清詩話續編》本 臺北 木鐸 一九八三年十二月

葉夢得　《石林詩話》　《歷代詩話》本　臺北　藝文　一九八三年六月
田　雯　《古歡堂雜著》　《清詩話續編》本　臺北　木鐸　一九八三年十二月
蔡夢弼　《草堂詩話》　《續歷代詩話》本　臺北　藝文　一九八三年六月
潘德輿　《養一齋詩話》　《清詩話續編》本　臺北　本鐸　一九八三年十二月
張漢良　《比較文學理論與實踐》　臺北　東大　一九八六年二月
龔鵬程　《傳統・現代・未來》　臺北　金楓　一九八九年四月
朱自清　《朱自清古典文學論文集》　臺北　源流　一九八二年五月
郭紹虞　《照隅室古典文學論集》　臺北　丹青　一九八五年十月
葉維廉主編　《中國現代文學批評選集》　臺北　聯經　一九七九年七月
王夢鷗　《文藝美學》　臺北　遠行　一九七六年五月
張夢機　《鷗波詩話》　臺北　漢光　一九八四年五月
柴　熙　《認識論》　臺北　商務　一九八三年八月
顏元叔　〈印象主義的復辟？〉　中國時報副刊　一九七六年三月一、二日
張　健　《中國文學散論》　臺北　商務　一九八二年九月
孔穎達　《周易正義》　《十三經注疏》本　臺北　藝文　一九八二年八月
謝　榛　《四溟詩話》　《續歷代詩話》本　臺北　藝文　一九八三年六月

葉矯然《龍性堂詩話初集》《清詩話續編》本　臺北　木鐸　一九八三年十二月
王充《論衡》《新編諸子集成》本　臺北　世界　一九七八年七月
蕭統《文選》臺北　華正　一九七九年五月
葛洪《抱朴子》《新編諸子集成》本　臺北　世界　一九七八年七月
唐君毅《哲學概論》臺北　學生　一九八九年十月
鄔昆如《現象學論文集》臺北　黎明　一九八一年五月
殷海光《邏輯新引》香港　亞洲　一九七七年十二月
張春興《心理學》臺北　東華　一九八九年九月
宕夕爾《哲學人類學》劉貴傑譯　臺北　巨流　一九八九年三月
賀裳《載酒園詩話又編》《清詩話續編》本　臺北　木鐸　一九八三年十二月
闕名《靜居緒言》《清詩話續編》本　臺北　木鐸　一九八三年十二月
章學誠《文史通義》臺北　世界　一九八四年八月
郭紹虞《詩話叢話》《小說月報》第二十卷第一號　一九二九年一月十日
王念思〈賦、比、興新論〉第十一屆中國古典文學會議論文　一九九〇年六月十六、十七日
曾季貍《艇齋詩話》《續歷代詩話》本　臺北　藝文　一九八三年六月
王士禛《漁洋詩話》《清詩話》本　臺北　藝文　一九七七年五月

宋徵璧《抱眞堂詩話》《清詩話續編》本　臺北　木鐸　一九八三年十二月

加　迪等《文化與時間》　鄭樂平、胡建平譯　浙江　人民　一九八八年七月

李調元《雨村詩話》《清詩話續編》本　臺北　本鐸　一九八三年十二月

司馬光《續詩品》《歷代詩話》本　臺北　藝文　一九八三年六月

徐禎卿《談藝錄》《歷代詩話》本　臺北　藝文　一九八三年六月

朱承爵《存餘堂詩話》《歷代詩話》本　臺北　藝文　一九八三年六月

楊　愼《升菴詩話》《續歷代詩話》本　臺北　藝文　一九八三年六月

顧嗣立《寒廳詩話》《清詩話》本　臺北　藝文　一九七七年五月

馬　位《秋窗隨筆》《清詩話》本　臺北　藝文　一九七七年五月

張　戒《歲寒堂詩話》《續歷代詩話》本　臺北　藝文　一九八三年六月

蔣正子《山房隨筆》《歷代詩話》本　臺北　藝文　一九八三年六月

强幼安《唐子西文錄》《歷代詩話》本　臺北　藝文　一九八三年六月

吳　幵《優古堂詩話》《續歷代詩話》本　臺北　藝文　一九八三年六月

查爲仁《蓮坡詩話》《清詩話》本　臺北　藝文　一九七七年五月

毛先舒《詩辯坻》《清詩話續編》本　臺北　本鐸　一九八三年十二月

尤　袤《全唐詩話》《歷代詩話》本　臺北　藝文　一九八三年六月

王世貞　《藝苑卮言》　《續歷代詩話》本　臺北　藝文　一九八三年六月

王夫之　《薑齋詩話》　《清詩話》本　臺北　藝文　一九七七年五月

翁方綱　《石洲詩話》　《清詩話續編》本　臺北　木鐸　一九八三年十二月

歐陽修　《六一詩話》　《歷代詩話》本　臺北　藝文　一九八三年六月

李東陽　《麓堂詩話》　《續歷代詩話》本　臺北　藝文　一九八三年六月

薛　雪　《一瓢詩話》　《清詩話》本　臺北　藝文　一九七七年五月

賀　裳　《載酒園詩話》　《清詩話續編》本　臺北　木鐸　一九八三年十二月

呂本中　《紫微詩話》　《歷代詩話》本　臺北　藝文　一九八三年六月

張表臣　《珊瑚鉤詩話》　《歷代詩話》本　臺北　藝文　一九八三年六月

劉熙載　《詩概》　《清詩話續編》本　臺北　木鐸　一九八三年十二月

溫公頤　《哲學概論》　臺北　商務　一九八三年九月

陳秉璋　《道德規範與倫理價值》　臺北　國家政策研究資料中心　一九九〇年十月

趙與虤　《娛書堂詩話》　《續歷代詩話》本　臺北　藝文　一九八三年六月

吳　聿　《觀林詩話》　《續歷代詩話》本　臺北　藝文　一九八三年六月

田同之　《西圃詩說》　《清詩話續篇》本　臺北　木鐸　一九八三年十二月

周紫芝　《竹坡詩話》　《歷代詩話》本　臺北　藝文　一九八三年六月

顧元慶　《夷白齋詩話》　《歷代詩話》本　臺北　藝文　一九八三年六月
范晞文　《對床夜語》　《續歷代詩話》本　臺北　藝文　一九八三年六月
徐　增　《而菴詩話》　《清詩話》本　臺北　藝文　一九七七年五月
方迪啓　《價值是什麼》　黃藿譯　臺北　聯經　一九八六年二月
劉　攽　《中山詩話》　《歷代詩話》本　臺北　藝文　一九八三年六月
孫　濤　《全唐詩話續篇》　《清詩話》本　臺北　藝文　一九七七年五月
張謙宜　《絸齋詩談》　《清詩話續編》本　臺北　木鐸　一九八三年十二月
朱庭珍　《筱園詩話》　《清詩話續編》本　臺北　木鐸　一九八三年十二月
施補華　《峴庸說詩》　《清詩話》本　臺北　藝文　一九七七年五月
袁　枚　《隨園詩話》　臺北　漢京　一九八四年二月
王士禎　《師友詩傳續錄》　《清詩話》本　臺北　藝文　一九七七年五月
施閏章　《蠖齋詩話》　《清詩話》本　臺北　藝文　一九七七年五月
沈德潛　《說詩晬語》　《清詩話》本　臺北　藝文　一九七七年五月
趙　翼　《甌北詩話》　《清詩話續編》本　臺北　木鐸　一九八三年十二月
瞿　佑　《歸田詩話》　《續歷代詩話》本　臺北　藝文　一九八三年六月
吳　喬　《圍爐詩話》　《清詩話續編》本　臺北　木鐸　一九八三年十二月

陳師道《後山詩話》《歷代詩話》本　臺北　藝文　一九八三年六月
方蘭生《傳播原理》　臺北　三民　一九八四年十月
魏　泰《臨漢隱居詩話》《歷代詩話》本　臺北　漢京　一九八三年一月
都　穆《南濠詩話》《續歷代詩話》本　臺北　藝文　一九八三年十月
楊際昌《國朝詩話》《清詩話續編》本　臺北　木鐸　一九八三年十二月
韋居安《梅磵詩話》《續歷代詩話》本　臺北　藝文　一九八三年六月
遍照金剛　《文鏡祕府論》　臺北　學海　一九七四年一月
吳師道《吳禮部詩話》《續歷代詩話》本　臺北　藝文　一九八三年六月
延君壽《老生常談》《清詩話續編》本　臺北　木鐸　一九八三年十二月
冒春榮《葚原詩說》《清詩話續編》本　臺北　木鐸　一九八三年十二月
黃　徹《䂬溪詩話》《續歷代詩話》本　臺北　藝文　一九八三年六月
顧起綸《國雅品》《續歷代詩話》本　臺北　藝文　一九八三年六月
吳　可《藏海詩話》《續歷代詩話》本　臺北　藝文　一九八三年六月
葉矯然《龍性堂詩話續集》《清詩話續編》本　臺北　木鐸　一九八三年十二月
賀貽孫《詩筏》《清詩話續編》本　臺北　木鐸　一九八三年十二月
亞里斯多德　《形而上學》　未著譯者姓名　新竹　仰哲　一九八九年三月

曾仰如　《形上學》　臺北　商務　一九八七年十月
嚴　羽　《滄浪詩話》　《歷代詩話》本　臺北　藝文　一九八三年六月
胡應麟　《詩藪》　臺北　廣文　一九七三年九月
顏崑陽　《莊子藝術精神析論》　臺北　華正　一九八五年七月
林明德編　《金代文學批評資料彙編》　臺北　成文　一九七九年九月
楊萬里　《誠齋詩話》　《續歷代詩話》本　臺北　藝文　一九八三年六月
胡　仔　《苕溪漁隱叢話》　臺北　長安　一九七八年十二月
曾永義編　《元代文學批評資料彙編》　臺北　成文　一九七九年九月
喬　億　《劍谿說詩》　《清詩話續編》本　臺北　木鐸　一九八三年十二月
伽達瑪　《眞理與方法》　吳文勇譯　臺北　南方　一九八八年四月
張汝倫　《意義的探究》　臺北　谷風　一九八八年五月
葉維廉　《歷史、傳釋與美學》　臺北　東大　一九八八年三月
胡經之、張首映主編　《西方二十世紀文論選》　北京　中國社會科學　一九八九年五月
郭有遹　《創造心理學》　臺北　正中　一九八五年十一月
比爾茲利等　《當代美學論集》　未著譯者姓名　臺北　丹青　一九八七年四月
李安宅　《意義學》　臺北　商務　一九七八年五月

劉述先　《新時代哲學的信念與方法》　臺北　商務　一九八六年三月
高宣揚　《解釋學簡論》　臺北　遠流　一九八八年十月
錢鍾書　《管錐篇》　未著出版社和出版年月
索緒爾　《普通語言學教程》　高名凱譯　臺北　弘文館　一九八五年十月
巴　特　《符號學要義》　洪顯勝譯　臺北　南方　一九八八年四月
霍克思　《結構主義與符號學》　陳永寬譯　臺北　南方　一九八八年三月
懷　特　《文化科學》　曹錦清等譯　臺北　遠流　一九九〇年二月
姜　夔　《白石道人詩說》　《歷代詩話》本　臺北　藝文　一九八三年六月
徐芹庭　《修辭學發微》　臺北　中華　一九七四年八月
王　符　《潛夫論》　《新編諸子集成》本　臺北　世界　一九七八年七月
陳　騤　《文則》　臺北　莊嚴　一九七七年三月
黃慶萱　《修辭學》　臺北　三民　一九八三年十月
梭　蒙　《邏輯》　何秀煌譯　臺北　三民　一九八七年四月
門　羅　《走向科學的美學》　安宗昇譯　臺北　五洲　一九八七年五月
朱　狄　《當代西方美學》　臺北　谷風　一九八八年十二月
劉文潭　《現代美學》　臺北　商務　一九八七年五月

達達基茲《西洋六大美學理念史》　劉文潭譯　臺北　聯經　一九八九年十月
姚一葦《美的範疇論》　臺北　開明　一九八五年三月
衛姆塞特、布魯克斯《西洋文學批評史》　顏元叔譯　臺北　志文　一九八四年十二月
威靈漢等《文學欣賞與批評》　徐進夫譯　臺北　幼獅　一九八八年三月
伊凡絲《郭德曼的文學社會學》　郭仁義譯　臺北　桂冠　一九九〇年三月
汪師韓《詩學纂聞》《清詩話》本　臺北　藝文　一九七七年五月
楊　載《詩法家數》《歷代詩話》本　臺北　藝文　一九八三年六月
劉克莊《江西詩派小序》《續歷代詩話》本　臺北　藝文　一九八三年六月
陸　鎣《問花樓詩話》《清詩話續編》本　臺北　木鐸　一九八三年十二月
吳宏一、葉慶炳編《清代文學批評資料彙編》　臺北　成文　一九七九年九月
楊鴻烈《中國詩學大綱》　臺北　商務　一九七六年十一月
博藍尼《意義》　彭淮棟譯　臺北　聯經　一九八六年　四月
陸時雍《詩鏡總論》《續歷代詩話》本　臺北　藝文　一九八三年六月
魏慶之《詩人玉屑》　臺北　商務　一九八〇年五月
賀　裳《載酒園詩話》《清詩話續編》本　臺北　木鐸　一九八三年十二月
俞　弁《逸老堂詩話》《續歷代詩話》本　臺北　藝文　一九八三年六月

張　健編《南宋文學批評資料彙編》　臺北　成文　一九七八年十二月
李　沂《秋星閣詩話》《清詩話》本　臺北　藝文　一九七七年五月
葉慶炳、邵紅編　《明代文學批評資料彙編》　臺北　成文　一九七九年九月
董仲舒《春秋繁露》《增訂漢魏叢書》本　臺北　大化　一九八八年四月
譚　獻《復堂詞話》《詞話叢編》本　臺北　新文豐　一九八八年二月
何孟春《餘冬詩話》本　臺北　廣文　一九七一年九月
何文煥《歷代詩話考索》　《歷代詩話》本　臺北　藝文　一九八三年六月
廖炳惠《解構批評論集》　臺北　東大　一九八五年九月
黃啓方編　《北宋文學批評資料彙編》　臺北　成文　一九七九年九月
王建元《現象詮釋學與中西雄渾觀》　臺北　東大　一九八八年二月
顏元叔《談民族文學》　臺北　學生　一九八四年二月